MÉMOIRES

DE SUZON,

SŒUR DE D.. B.....

PORTIER DES CHARTREUX,

Ecrits par elle-même.

MÉMOIRE DE SUZON
Sœur de Don Bougre
Portier des Chartreux
Écrit par elle même

MÉMOIRES

DE SUZON,

SŒUR DE D.. B.....

PORTIER DES CHARTREUX,

ÉCRITS PAR ELLE-MEME;

Suivis de la Perle des Plans économiques,
ou la Chimère raisonnable.

PREMIERE PARTIE.

A J'ENCONNE,

RUE DES DÉCHARGEURS.

Aux dépens de la Gourdan.

CETTE ANNÉE MÊME.

PRÉFACE.

CES Mémoires n'auroient jamais vû le jour, si j'avois pû résister aux instances d'une personne à qui j'ai les plus grandes obligations & avec qui je passe une vie paisible & agréable. Que dis-je ? Vous n'auriez jamais connu, mon cher Comte, le dépôt que m'a confié mon amie, si vos bontés pour moi & vos procédés généreux n'avoient excité ma confiance. Dès que je vous les eus communiqués, vous me fites voir si clairement combien ils pouvoient être utiles aux jeunes personnes qui ne sont jamais assez en garde contre les séductions des hommes, pour résister à tous les pieges qu'ils leur tendent, que je me déterminai enfin à les rendre publics : mais il est bon de vous instruire, cher Lecteur, comment ces Mémoires sont tombés entre mes mains.

Ce fut au moment où Suzon partoit pour ce lieu affreux, dont la vue seule effraie les passans, où l'œil ne voit qu'horreur, où les cris perçans des malheureuses victimes qu'il renferme dans son sein, déchirent les entrailles des personnes les moins sensibles, que je reçus ce cher dépôt.

Tiens, me dit mon amie, que de cruels satellites arrachoient de mes bras & de ceux de son frere Saturnin, reçois ce gage précieux de mon amitié.... Les malheurs de Suzon ne devoient finir qu'avec sa vie.... Plût à Dieu que ce dernier malheur termine ma carriere....

Sa douleur , sa beauté dont rien n'avoit pû, pour ainsi dire , ternir l'éclat , auroient adouci les tigres les plus furieux ; mais que des satellites, en exécutant les ordres dont ils sont chargés , aient jamais témoigné la moindre compassion, ce phénomene surprendroit avec raison : Ces monstres ne pourroient jamais faire leur cruel métier , si en endossant l'habit qu'ils portent, ils ne se dépouilloient de tout sentiment d'humanité. Dans la crainte qu'ils ne soient pas capables au besoin d'exercer les plus grandes cruautés , leurs chefs n'emploient que des hommes qui se sont la plûpart signalés par des forfaits. Mais revenons à ma chere Suzon. Cette tendre amie étoit déjà loin de moi , & il me sembloit encore que je la voyois me tendre les bras; mes cris , mes sanglots se faisoient entendre jusques dans la rue , où le peuple attroupé insultoit encore au malheur de mon amie. Je voulois fuir de ce lieu d'horreur ; mais les forces me manquerent. Je sentis mes jambes chanceler sous moi ; bientôt une sueur froide me couvrit tout le corps. Enfin , je tombai sans connoissance sur le plancher. La quantité de monde qui étoit dans notre rue excita la curiosité du Comte de C****** qui passoit par hazard dans ce moment : il s'informa de ce qui étoit arrivé , & désirant de savoir d'où partoient les cris qu'on lui dit avoir entendus , il se fit jour au travers de la foule & parvint jusques dans ma chambre. J'étois alors entourée de cinq ou six femmes qui employoient tous les secours que leur imagination pouvoit leur suggérer , pour me tirer de l'état où j'étois. Le Comte voyant le peu d'efficacité de tous leurs remedes , sortit de sa po .

che un flacon qui contenoit un élixir si spiritueux &
si salutaire aux personnes qui se trouvent mal , que j'en
eus à peine sur les levres que la connoissance me re-
vint aussi-tôt. Le Comte fut la premiere personne qui
frappa mes regards. Quelle fut ma surprise , en voyant
un Seigneur dont l'air noble & majestueux en impo-
soit aux femmes qui m'entouroient , oublier lui-même
son rang & sa qualité , pour me procurer des secours ?
Que de noblesse il montroit dans ses regards ! Que de
sensibilité son visage annonçoit ! Combien sa voix étoit
propre à remettre le calme dans mon ame ! Il me parut
en un mot , un Ange descendu du Ciel , pour me retirer
de l'abîme où mon malheur m'entraînoit. Consolez-
vous , Mademoiselle , me dit le Comte de C***** ; ce
qui vient de vous arriver , loin de rendre votre sort
malheureux , va peut-être le faire changer de face , sur-
tout , si vous voulez être sage. Je veux vous mettre
pour toujours dans le cas de n'avoir rien à redouter des
caprices de la fortune. Je vais , au sortir d'ici , vous louer
un appartement que je ferai meubler par mon tapissier,
& je viendrai moi - même ce soir vous chercher pour
vous y conduire , & vous en rendre la maîtresse.

Ce discours me surprit tellement que je ne trouvai
point d'expressions pour remercier ce Seigneur de cette
générosité inattendue. La profonde révérence que je fis,
indiquoit seulement que la proposition ne me déplaisoit pas. Le Comte s'en contenta & sortit un instant
après, sans paroître étonné de mon silence. Quant à
moi , quoique toujours affligée de la perte de mon amie ,
je m'occupai à faire un paquet de mes hardes.

Dans le moment que ce généreux Seigneur sortoit de ma chambre, la vieille Sibylle, chez qui nous étions, ma chere Suzon & moi, & qui m'avoit débauchée de chez mes parens, entra aussi rassurée depuis le départ des Archers, qu'elle avoit paru effrayée à leur arrivée. Elle me demanda si la personne qu'elle venoit de rencontrer sortoit d'avec moi, & quel bénéfice sa visite avoit produit. Un très-grand, Madame, lui dis-je. Aussi-tôt, le babil m'étant revenu, je lui fis le détail de sa douceur & de sa sensibilité & je n'omis pas sur-tout de lui parler de la proposition qu'il m'avoit faite de m'entretenir. Il y avoit trop long-tems que je desirois de quitter cette méchante femme, pour chercher à adoucir le chagrin que devoit lui occasionner notre séparation. Malgré tous les soins qu'elle prit pour cacher la douleur que lui causoit cette nouvelle, elle en étoit trop étonnée pour qu'elle pût me voiler une partie de son trouble. A la fin cependant, faisant un effort sur elle-même, elle me dit avec une sorte d'intérêt : tu n'as pas surement eu la folie de refuser une proposition aussi avantageuse. Je te l'avois toujours bien dit, ma chere Rosalie, que je serois la cause de ton bonheur. Je te crois trop raisonnable pour ne pas convenir que tu n'aurois jamais dû, ni pû prétendre à un pareil sort, si tu fusses restée chez tes parens. Reproche-moi donc, me dit-elle, d'un ton mielleux, de t'avoir arrachée des bras de ta famille ? Elle auroit encore parlé plus long-tems, selon sa louable coutume, que je n'aurois pas prêté plus d'attention à ce qu'elle disoit. J'étois trop occupée de tout ce qui venoit de m'arriver, pour répondre à cette femme, dont le caquet m'avoit de tout tems ennuyée. Voyant à la fin que par mon silence je paroissois faire peu de cas de tous ses discours, elle réveilla mon attention, en me rappellant que nous avions un compte à régler ensemble. Je le sais, Madame, lui dis-je, & soyez bien persuadée que je ne sortirai point de chez vous, que vous ne soyez satisfaite. Les Meres Abbesses de ce pays ont toutes la sage précaution que les filles qui sont chez elles leur doivent, afin d'avoir un prétexte pour les retenir. J'avois affaire à une femme qui savoit trop bien son métier, pour être exceptée de la regle générale : je ne m'attendois pas, à la vérité, en me rappellant les profits que j'avois faits, être redevable d'une somme bien forte. Le contraire cependant arriva. J'eus beau crier : il en fallut passer par-tout ce qu'on voulut. En un mot, le mémoire fut arrêté.

Sur le soir le Comte arriva, ainsi qu'il me l'avoit promis ; il me gronda de ce que je paroissois toujours affligée. Reprenez, Mademoiselle, me dit-il, reprenez votre gaieté : votre amie n'est pas perdue pour vous. J'aurois même déjà obtenu sa liberté, si la maladie qu'elle a ne s'y étoit opofée. Je vous promets qu'elle fera libre aussi-tôt après son entiere guérison. J'apris alors de mon cher Comte que Suzon n'avoit été prise, que parce qu'elle avoit donné la vérole à un jeune homme de famille, & que ce jeune homme avoit porté des plaintes à la Police contre elle. Cette nouvelle me fut d'autant plus agréable, que j'espérois faire part de mon bonheur à mon amie, & qu'elle me prouvoit que mon cher Comte commençoit déjà à chercher des occasions de me faire plaisir. Il m'assura, en des termes qui me peignoient son amour, qu'il auroit pour moi tant d'égards & de complaisances, qu'il espéroit bientôt bannir de mon esprit tous les chagrins que j'avois éprouvés. Ce qui vous surprendra peut-être, cher lecteur, c'est que personne n'a jamais été plus exact à tenir sa parole. D'abord il paya tout ce que je devois ; il poussa même le désintéressement jusqu'à vouloir que le paquet qui renfermoit mon linge & mes habits, fût donné à mon hôtesse. Mais j'étois bien éloignée d'y consentir. Je voulois que ces mêmes habits, en me rappellant l'état d'où j'avois été tirée, servissent aussi à me faire ressouvenir de mes devoirs. Tout fut donc porté, selon mes desirs, dans le carrosse du Comte, qui nous attendoit à la porte, & qui nous mena au fauxbourg S. Germain, où mon apartement avoit été loué. Les meubles qui le garnissoient étoient simples, mais propres & choisis avec goût. Ce ne fut que quelque tems après mon arrivée dans ce quartier, que j'examinai tout ce qui composoit mon mobilier. J'avois passé ce jour-là par trop d'épreuves différentes pour faire une remarque. Mes domestiques n'étoient point nombreux. Aurois-je pu désirer plus de monde pour me servir, qu'un laquais, une femme de chambre, & une cuisiniere ; moi qui la veille me serois trouvée au comble du bonheur, si je m'étois vue une simple servante à mes gages ? Je tairai tout ce que leur dit le Comte, pour les engager à être exacts à leur devoir, afin de ne point ennuyer le lecteur par mille détails inutiles; &

je vais paſſer à la maniere dont ſe termina la ſoirée.

Nous ſoupâmes de très-bonne heure ; pendant tout le repas, mon amant chercha, par tant d'agaceries, à faire renaître ma joie, que je ne pus m'empêcher de rire à quelques-unes de ſes folies. Il auroit été impoſ-ſible, quand il m'en auroit beaucoup coûté pour me contraindre, de ne pas au moins affecter un air gai. Les complaiſances & les attentions du Comte exigeoient ſans doute ce ſacrifice.

Nous étions à peine ſortis de table, que je vis mon amant ſe diſpoſer à ſe retirer. Quoi ! de ſi bonne heu-re, lui dis-je, M. le Comte ? Oui, ma chere Roſalie, me répondit-il ; vous devez avoir beſoin de repos ; de-main je pourrai, ſans vous incommoder, reſter plus long-tems avec vous ; mais il y auroit du danger pour votre ſanté de le faire aujourd'hui. Mettez-vous au lit dès que je ſerai ſorti, & tâchez de bien dormir. Auſſi-tôt il vint m'embraſſer, & ſe retira. Avec quelle ſur-priſe je le vis partir ! malgré toute la bonne opinion que me donnoit de lui une conduite auſſi retenue, j'é-tois bien éloignée de penſer qu'un Seigneur riche, aima-ble, âgé de vingt-deux ans, pût avoir autant d'égards & de ménagemens que lui, pour une fille qui étoit en ſa puiſſance, & qu'il avoit retirée d'un lieu de débauche.

Ce que je vais dire étonnera encore plus, ſur-tout ces vieillards décrépits, qui emploient le ſouffle de vie qui leur reſte à être les bourreaux des filles, qui ne ceſſent de les tourmenter & de les faire ſervir à leurs goûts lubriques : que dis-je ? qui cherchent en vain, par des attitudes fatigantes & auſſi mauſſades que leur figure, à ranimer un feu que l'âge a pour jamais éteint dans leurs veines. Dans quel étonnement, dis-je, je te jetterois, cher lecteur, si je te disois que mon amant a vécu avec moi une année entiere, avec les mêmes égards & les mêmes déférences qu'on a pour les filles les plus honnêtes. Je dis plus : il a voulu devoir à l'amour tous les plaisirs qu'il a goûtés & qu'il goûte continuellement dans mes bras. Vous riez sûrement de sa conduite ; vous le comparez à ce Marquis de Rozelle, qui vouloit prendre pour femme une Actrice de l'Opéra, que le prétendu repentir de sa vie passée lui faisoit paroître plus estimable que si elle n'eût jamais fait de fautes. Soyez de bonne foi, vous croyez même lui faire grace en le comparant à un jeune homme nouvellement sorti de son Collége qui, tourmenté par la passion de l'amour, n'ose faire les premieres avances à une femme, & trembleroit même de lâcher un propos équivoque qui pourroit l'offenser. Dans quelle erreur grossiere vous êtes, & combien vous êtes loin de juger du cœur de mon amant ! Il vouloit, en me témoignant beaucoup d'estime, m'apprendre que le moyen le plus sûr pour lui plaire étoit de m'estimer assez moi-même, pour ne pas lui manquer.

Si cette voie peut quelquefois faire donner lourdement dans les piéges des femmes, elle est cependant beaucoup plus sûre pour l'homme qui ne se laisse pas aveugler par la passion, que tous les moyens qu'on emploie ordinairement. La jouissance d'une femme dont on peut se dire aimé avec raison, & qu'on estime & qu'on aime soi-même, n'a-t-elle pas mille fois plus de charmes

que

que toutes ces liaisons qui n'ont pour base qu'un intérêt vil & sordide ? Mes sentimens étoient si bien d'accord avec ceux de mon cher Comte, qu'il est impossible que la fortune rassemble jamais deux êtres plus faits l'un pour l'autre ; aussi quelle différence on trouvera entre toutes les femmes entretenues & moi ! toutes n'aiment & n'estiment dans leurs amans que l'argent qu'ils leur donnent, & que les présens qu'ils leur font. Le plaisir qu'elles trouvent à leur être infideles en a porté plusieurs à se faire baiser par le dernier des laquais, faute de pouvoir donner leurs faveurs à d'autres.

Au reste, il faut convenir que les hommes en général le méritent bien ; ils auroient même tort d'exiger qu'un sexe plus foible que le leur, les fit souvent rougir de leur inconstance. Comme ils sont moins tourmentés par le desir de remplir le vuide de leur cœur, que par l'envie, en changeant de maîtresses, de satisfaire leur passion brutale, qu'ils volent de conquêtes en conquêtes, une seule ne pourroit jamais se prêter à leurs goûts aussi bizarres qu'extraordinaires ; trop heureux si par quelque maladie cruelle ils ne paient un jour bien chérement les plaisirs de l'inconstance. Combien ils ont à redouter le sort de ma chere Suzon, qui est morte, ainsi que je l'ai apris huit jours après notre séparation, dans l'Hôpital de Bicêtre, pour avoir trop négligé d'arrêter les progrès de sa maladie. Sa perte me sera toujours d'autant plus sensible, que j'ai perdu en elle ma meilleure amie. Elle étoit moins débauchée par goût que par tempérament. Son cœur , malgré la vie qu'elle menoit depuis long-tems lorsque je commençai à la connoître, n'étoit pas plus corrompu que si elle eût toujours eu une conduite réguliere : enfin c'étoit moins pour l'argent qu'elle retiroit du commerce des hommes, qu'elle se livroit à eux , que pour le plaisir qu'elle trouvoit dans la jouissance. Avec moins de passions, elle n'auroit eu aucun des vices qu'on reproche aux femmes. Elle étoit de bon conseil, & m'a souvent donné des avis dont j'aurois bien fait de profiter. Comme elle ne remarquoit en moi aucun penchant pour le malheureux état que j'avois embrassé, elle m'a plusieurs fois conseillé de retourner chez mes parens. Une résolution aussi généreuse auroit trop coûté à mon amour propre pour l'exécuter, & j'aurois mieux aimé être mille fois plus malheureuse que je ne l'étois , plutôt que de rentrer dans ma famille : quoique ma chere Suzon soit perdue pour moi sans retour , c'est dans la lecture de ses Mémoires que je trouve des leçons plus instructives que dans tous les livres que je lis : c'est en voyant le tableau de ses foiblesses, que j'apprends à être toujours en garde contre les miennes : Aussi je les ai toujours dans les mains dès que je suis feule. Chaque anecdote de sa vie est pour moi tous les matins un objet de méditation.

Un jour que j'étois abforbée dans les réflexions que m'occasionnoit cette lecture , & que je tenois les Mémoires de Suzon à la main, le Comte entra dans ma chambre. Comme ma femme de chambre qui venoit de

sortir de mon apartement, en avoir laissé la porte ouverte, il fit si peu de bruit, qu'il étoit près de moi,
que je ne m'en étois pas apperçue. Mon premier mouvement fut de cacher le cahier sous le couffin de mon
fauteuil. Mais il n'étoit plus tems ; il avoit été témoin de
mon embarras à son arrivée, & avoit remarqué le myftere
que je voulois lui faire. Cette précaution inutile ne servit
qu'à le chagriner, & qu'à lui faire voir le peu de
confiance que j'avois en lui. L'air froid avec lequel il
m'aborda contre son ordinaire, me l'annonçoit affez.
Mais je feignis de ne pas m'en appercevoir. Comment
vous portez-vous aujourd'hui, me dit-il ; avez-vous bien
dormi cette nuit ? Il m'auroit fait encore, je crois,
cent autres queftions auffi indifférentes, si j'avois pû
les foutenir & fi je n'avois rompu cette mauffade &
infipide converfation. Qu'avez-vous, M. le Comte, aujourd'hui, lui dis-je ? L'altération qui paroît fur votre
vifage, ces foupirs qui s'échappent malgré vous, vos
yeux qui évitent de rencontrer les miens, en un mot
tout ce que je vois m'accable de douleur, & fembleroit
m'annoncer que j'ai déjà eu le malheur de vous déplai-
re. Parlez, mon cher Comte, duffiez - vous prononcer
l'arrêt de ma mort, il feroit moins dur pour moi de
l'entendre de votre bouche, que de demeurer dans l'é-
tat où vous avez la cruauté de me laiffer. J'accompa-
gnai ces dernieres paroles d'un torrent de larmes. Mon
Amant ne put voir mes pleurs fans s'attendrir. Pourquoi vous chagriner ainfi, me dit-il, ma chere Rofa-
lie ? Les fujets de plaintes que j'ai à former contre

vous , me chagrinent , mais ne peuvent jetter aucune espece de soupçon , ni sur votre probité , ni sur votre amour pour moi. A la vérité , je me rends justice & je sens qu'il n'y a pas assez de tems que je vous connois , pour que vous m'ayez accordé toute votre confiance , malgré tout ce que j'ai fait pour vous prouver que je n'en étois pas indigne : d'ailleurs je sens qu'on redoute toujours avec raison l'indiscrétion des jeunes gens de mon âge. Je suis donc fâché du mystere que vous me faites ; mais je me garderai bien d'exiger de voir ce manuscrit que vous avez caché à mon arrivée. Puis prenant insensiblement un ton plaisant; peut - être est-ce, me dit-il, le tableau de vos foiblesses dont vous auriez fait l'esquisse ? Dans ce cas , je ne suis plus si étonné du desir que vous avez qu'il soit ignoré de tou te la terre. Déjà même je me reproche d'avoir pû vous laisser entrevoir que je ne voulois pas que vous eussiez des secrets pour moi : ceux-là sont privilégiés & très-privilégiés ; car je sais combien il en coûte à une jolie femme d'avouer qu'elle s'est quelque fois mal défendue contre les hommes.

Que vous êtes loin de deviner, mon cher Comte , lui dis-je , ce que contient ce cahier ! vous avez beau affecter beaucoup d'indifférence à le lire ; il vous sera fort difficile de me faire accroire que vous ne brûlez pas d'envie de l'avoir entre les mains , ou du moins , tout me le persuade. Le chagrin que vous avez d'abord témoigné en me le voyant cacher ; le ton plaisant que vous venez de prendre , depuis que vous vous êtes apperçu que vous m'aviez fait de la peine , font autant de moyens que vous employez pour satisfaire votre curiosité. Tenez , lui dis-je , je ne veux pas vous faire languir davantage : voilà ce que vous avez tant défiré. Puiffai-je , en dépofant dans votre fein le fecret d'une amie dont la perte m'affligera toujours , vous prouver combien je fuis fâchée d'avoir pû manquer un inftant de confiance en vous ! Puiffe votre Amante par ce facrifice , vous faire voir qu'elle ne veut jamais avoir rien de caché pour vous !

Le Comte fit d'abord des difficultés pour prendre ce cahier, m'affurant qu'il ne fe pardonneroit jamais le chagrin qu'il m'avoit caufé , & que dans la fuite il ne feroit plus auffi curieux. Comme je voulois abfolument qu'il prît connoiffance des Mémoires de ma chere Suzon qui avoient donné lieu au mouvement de jaloufie qu'il avoit éprouvé, il y confentit , après s'être fait long-tems prier, mais à condition que je les lirois moi-même.

Après bien des je ne veux pas... je les ai déjà lus... il fallut céder ; parce que difoit-il , le fon de ma voix portoit dans fon ame le plus grand raviffement. Ce compliment étoit bien propre à flatter la vanité d'une femme & fur-tout d'une jeune perfonne; mais pour dire la vérité ce n'étoit qu'un prétexte honnête pour colorer le défir qu'avoit mon Amant de ne laiffer échapper aucune des impreffions , que le récit des différentes aventures d'une femme que j'avois beaucoup aimée devoit faire fur moi.

Je commençai donc par prendre une taſſe de choco-
lat , pour me donner la force de ſoutenir une ſi longue tâche , & je me mis enſuite à lire les Mémoires
ſuivans.

MÉMOIRES

DE SUZON,

SŒUR DE D.. B.....

Portier des Chartreux.

SI mon frere Saturnin exifte encore , & qu'il lui prenne , comme à moi, l'envie de faire les Mémoires de fa vie , je fuis très perfuadée qu'il trompera fon Lecteur, s'il eft queftion de fa fœur Suzon dans le narré de fa vie. Comme il me croit fille du bon homme Ambroife , il ne manquera pas de tranfmettre fon erreur à la poftérité. C'eft pour défabufer le public , que je vais faire un aveu qui coûteroit à tout autre , mais que la vérité m'arrache malgré moi. D'ailleurs , n'eft-ce pas une folie , que de rougir d'une chofe qu'il n'a pas dépendu de moi d'empêcher. Je ne fuis donc pas fille du bon homme Ambroife ; il y avoit même déjà long-tems que ce vieillard ne s'occupoit plus qu'à cultiver fon jardin , quand je vins au monde. Sa femme depuis long-tems étoit un terrein dont la culture étoit trop difficile pour fon âge. J'ofe même affurer qu'il feroit toujours demeuré inculte, fi ma mere n'eût eu foin de le faire défricher : ma naiffance donc l'étonna tellement, que ce ne fut qu'au bout de huit jours qu'on put déterminer Ambroife à figner l'acte de mon baptême.

Dans ce tems-là, le Pere Alexandre, vieillard refpectable en apparence, mais le plus grand paillard de fon Couvent, venoit fréquemment à la maifon : il employa toute fa rhétorique pour appaifer le bon homme Ambroife, qui ne vouloit rien moins qu'affommer ma mere. Pourquoi, lui difoit-il, faire cette injure à votre femme, qui mene la meilleure conduite ? Vous êtes bien injufte ! Croyez-vous donc que vous êtes le premier homme qui auroit baifé fa femme en dormant ? Etes-vous donc venu jufqu'à votre âge, fans favoir qu'il eft arrivé à quelques perfonnes qui couchoient habituellement avec des femmes, de chercher machinalement à foulager les befoins de la nature, pendant des nuits qu'elles étoient couchées avec quelqu'un de leur fexe ?

Comme cela n'étoit jamais arrivé à Ambroife, dont les nuits n'étoient point affez longues pour le repofer des fatigues du jour, il le regardoit comme impoffible. Le Pere Supérieur avoit donc beau fe fervir de tous les lieux communs que lui fourniffoit fon imagination fertile : il lui repréfentoit en vain qu'il occafionneroit beaucoup de fcandale dans fon village, s'il perfiftoit dans fon refus ; qu'en déshonorant ma mere, il fe déshonoroit lui-même, & qu'il étoit à craindre que par fa conduite il ne fût caufe de fa mort. Plût à Dieu, s'écria Ambroife, que je fuffe débarraffé de cette carogne là ; car on ne me retirera jamais de l'efprit que je ne fuis pas moins J... F..... que Saint Jofeph

lui-

lui-même. Le Pere Alexandre en habile Orateur, pro-
fita des armes que lui fournissoit Ambroise, & lui dit :
Eh bien ! Puisqu'il n'est pas possible de vous dissuader, &
que vous prétendez avoir reçu le même traitement que ce
grand Saint, pourquoi ne vous conduisez-vous pas comme
lui ? Il n'a pas à la vérité, été fort content de ce que le
Saint-Esprit avoit fait sa besogne ; mais au moins il s'est
soumis aux décrets de la Providence qui le vouloit ainfi : aussi sa prudence & sa résignation lui ont mérité
une place dans le Ciel ; si Dieu a également permis
que votre femme vous cocufiât, serez-vous moins cocu pour n'avoir point signé l'acte de baptême de votre enfant ? Tenez, croyez-moi, pere Ambroise, un
homme sensé, dans la crainte d'apprêter à rire aux autres, fait toujours très-peu de bruit en pareil cas.

Ces derniers argumens firent tant d'effet sur l'esprit
du bon homme, qu'il prit enfin son parti, & quitta
le Révérend Pere Alexandre, pour aller à la Paroisse où
je fus bien & duement légitimée.

En son absence, le Révérend qui avoit plus de raison qu'aucuns de son Couvent, qu'on ne dévoilât pas
le mystere de ma naissance, se feroit payé sur ma mere
des peines qu'il s'étoit données pour remettre le calme
dans la Maison, si la breche que j'avois faite en venant au monde, eût été réparée. Ma mere, en femme
reconnoissante, lui sut toute sa vie bon gré de la cha-
leur qu'il avoit mise à prendre sa défense ; tant qu'il
vécut, elle le distingua toujours des autres Peres de
son Couvent. Etoit-ce, me dira le Lecteur curieux, parce que dans les combats de Cythere il pouvoit être

comparé au Grand Alexandre ? Non , ce vieillard ufé par l'âge & la débauche , traînoit , m'a-t-on dit , un membre plus propre à donner des regrets que de l'amour. Il falloit avoir autant de reffources dans l'imagination qu'en avoit ma mere , pour redreffer la cheville ouvriere du Pere Supérieur : encore fe trouvoit-elle fort heureufe , quand après un affaut plus fatigant que voluptueux , ils arrivoient au terme défiré. La pure reconnoiffance étoit donc la bafe de leur liaifon ? Non , l'intérêt feul entretenoit leur commerce.

La paffion de Toinette (c'étoit le nom de ma mere) pour les hommes , ne l'aveugloit pas au point de traiter fans diftinction tous ceux qui lui rendoient vifite. Un Monillon , par exemple , étoit fi mal reçu chez elle , qu'il n'ofoit pas s'y préfenter deux fois. Il n'en étoit pas de même d'un Supérieur , & fur-tout d'un Procureur de Couvent. L'argent qu'ils recevoient , foit pour faire dire des Meffes , foit pour faire du bien aux pauvres , étoit employé à acheter fes faveurs.

Je crois même que ma mere fe feroit laffée à la fin du mets frugal que lui fervoit le Pere Alexandre , fi elle n'eût eu foin d'appaifer fon appétit dévorant avec cinq ou fix autres perfonnes qui venoient fréquemment à la maifon. A la vérité , elle ne fut point forcée d'en venir à une rupture ouverte avec ce vieux paillard , qui eut la générofité de mourir un an après ma naiffance , pour faire place à des champions plus redoutables.

Le Pere Polycarpe , en fa qualité de Procureur, devint le tenant de la maifon d'Ambroife. A préfent que je fais apprécier le véritable mérite des hommes , j'avoue qu'on ne pouvoit faire un meilleur choix de toutes les façons. Sa taille presque gigantesque , son œil enflammé , son regard hardi , ses sourcils noirs & épais, ses membres nerveux ; en un mot , tout en lui annonçoit un athlete redoutable.

Cet invincible Hercule auroit effrayé tout autre que Toinette ; mais elle étoit incapable d'une pareille lâcheté. Plus accoutumée à avancer qu'à reculer , cet ennemi lui parut à peine digne de se mesurer avec elle : elle étoit sûre , sinon de le vaincre , du moins de le lasser. Je puis même dire pour sa justification , qu'ayant quelquefois été témoins de leurs combats , mon frere & moi , je n'ai jamais vu ma mere céder un pouce de terrein. Le Pere , au contraire , quand il sentoit ses forces s'épuiser , préféroit une retraite glorieuse , à une honteuse fuite ; l'ennemi cependant , en sortant de la place levoit encore sa tête altiere & montroit , malgré sa défaite , un air menaçant.

J'avois à peine sept ans , que je commençois à remarquer que ma mere avoit plus d'égards pour le Pere Polycarpe, que pour tous ceux qui lui rendoient visite ; & cette prédilection ne se faisoit jamais mieux voir , que lorsque le bon homme Ambroise étoit absent. Les autres me plaisoient beaucoup plus ; ils me paroissoient plus honnêtes , plus doux & plus respectueux vis-à-vis de ma mere ; mais ce n'étoit pas des respects qu'il lui falloit ; cette monnoie n'avoit point de cours auprès d'elle. D'ailleurs la figure , qui pouvoit alors décider mon choix , étoit encore un avantage qu'ils avoient sur le Pere Polycarpe, dont toute la personne ressembloit à un satyre. En un mot, il me sembloit plus propre à faire peur qu'à plaire. A présent que je raisonne, je juge bien différemment : un homme, fût-il plus laid qu'un diable, doit l'emporter sur ses rivaux quand on a lieu de soupçonner qu'il a abondamment tout ce qui est nécessaire pour contenter une femme.

Je détestois ce vilain Moine à tel point que j'étois jalouse des carresses que ma mere lui faisoit. Plusieurs raisons m'avoient fait concevoir de la haine contre lui : premierement, son air dur & méchant ; ensuite il ne paroissoit jamais à la maison que je ne fusse condamnée à une sorte de punition qui me déplaisoit beaucoup. Je ne savois à quoi attribuer ce châtiment qu'on me faisoit subir toutes les fois qu'il nous rendoit visite ; & je le regardois comme une injustice criante. A la vérité, il étoit bien dur pour moi d'être condamnée pendant presque des journées entieres à une prison des plus sombres & des plus affreuses, pendant que tous mes camarades d'école étoient à jouer & à se divertir. L'endroit où j'étois retirée n'étoit d'ailleurs propre qu'à m'inspirer de la terreur. J'y étois à peine, que j'entendois pousser des soupirs, des hélas & des plaintes, dont je ne pouvois interpréter le sens. Je m'imaginois qu'ils n'étoient excités que par le mal que ce vilain Moine faisoit à ma mere. Combien j'étois éloignée d'en deviner la véritable cause ! Pourquoi, disois-je un jour à ma mere, souffrez-vous chez vous le Pere Polycarpe ? Il n'y vient jamais qu'il ne nous cause du chagrin à vous & a moi. Si j'étois à votre place, je vous jure que je lui ferois défendre la porte par mon pere. J'ai même conçu le dessein de lui en parler dès ce soir, quand il reviendra de son travail. Gardez-vous-en bien, me dit ma mere. Si vous le faites, malgré ma défense, vous pouvez vous attendre d'en être punie & très-rigoureusement. Etonnée de la menace de ma mere, & ne pouvant concevoir les raisons de sa conduite, je ne cessois de lui répéter les mêmes raisons. La crainte de m'affliger vous empêche de convenir de ce qui en est, lui disois-je : mais tenez, j'ai prêté hier l'oreille fort attentivement à tout ce qui se passoit dans votre chambre ; & si j'en crois ce que j'ai entendu, je soupçonne qu'il a dû vous faire beaucoup de mal : car j'ai fort bien compris que vous lui disiez : arrêtez, finissez..... & puis après.... & vite donc.... dépêchez-vous.... je me meurs...., Or quand on souffre à ce degré d'être sur le point de mourir, n'est-ce pas une preuve que la maladie ou la douleur que nous ressentons sont très-considérables.

Si ma mere écouta pendant long-tems mon petit caquet, ce n'étoit que parce qu'elle cherchoit à deviner dans ce que je lui disois, si je n'étois pas plus instruite que je ne paroissois l'être... Voyant à la fin que je n'étois pas assez familiarisée avec le mensonge, pour chercher à pallier la vérité, elle répondit à toutes mes questions d'une maniere assez satisfaisante en apparence ; mais il est plus vrai de dire qu'elle les éluda avec beaucoup d'adresse. Par exemple, me dit-elle, si le Pere Polycarpe te renvoie dans le cabinet, & te punit toutes les fois qu'il vient , c'eft qu'il devine avec beaucoup de fagacité toutes les fottifes que tu as faites dans la journée , ou plutôt c'eft qu'il les voit empreintes fur ton vifage.

Je menois une vie très-malheureufe & fort trifte auprès de ma mere. Comme elle n'aimoit que fes plaifirs , elle s'occupoit peu de mon bonheur. Pour furcroît de malheur , toutes les fois qu'il ne venoit perfonne à la maifon lui préfenter fon offrande , j'étois fûre de recevoir quelques paires de foufflets. Elle auroit au moins dû fentir qu'elle mettoit fes Chevaliers à des épreuves fi fréquentes , qu'ils devoient avoir befoin de repos ; que fon petit tempérament auroit laffé une compagnie de Grenadiers les plus aguerris. Mais non , fes défirs étoient trop brûlans ; fon con , qui donnoit le branle à toutes fes autres facultés , la maîtrifoit trop pour qu'elle fe contînt dans les bornes de la modération.

J'aurois bien defiré qu'on eût continué de me permettre d'aller jouer avec les enfans de mon village , Toinette elle-même ne s'y opofoit pas ; la méfiance dans laquelle elle étoit à mon égard , étoit une raifon pour y confentir ; mais les parens des autres enfans ne penfoient pas malheureufement de même : tous avoient défendu , fous les peines les plus rigoureufes , que je fuffe affociée à aucune partie de jeu. Je pleurois , je gémiffois du mépris que mes camarades avoient pour moi , depuis qu'on nous avoit furpris dans une grange occupés à des jeux qui m'amufoient autant qu'ils déplurent à tous ceux qui avoient des enfans dans notre bande.

Comme la plus grande , j'étois chargée d'imaginer &

✝✝✝

de varier les plaisirs de la petite société. Tantôt j'étois une mere de famille ; tous mes camarades devenoient mes enfans, tous me devoient des égards & du respect. Lorsqu'il leur arrivoit d'y manquer, le fouet étoit la punition ordinaire : avoient-ils négligé de faire la tâche que je leur avois imposée, ils subissoient le même châtiment. Quelquefois j'établissois une école : les filles comme les garçons y étoient admises : pour dire la vérité, j'aurois été très-fâchée qu'on n'eût pas souffert ceux dont la société me plaisoit le plus dès ce tems-là. Les fautes les plus légéres, comme les fautes les plus graves, étoient également punies. Je présidois à cette école. J'imposois les punitions & fustigeois les coupables. Jamais Collége de l'Université de Paris n'eut une regle aussi févere que celle que je faisois observer dans ma petite académie. Jamais aussi les écoliers n'eurent autant de plaisir à l'enfreindre. Quelle joie je ressentois moi-même, quand tous sembloient s'être donné le mot pour faire des fautes qui méritoient châtiment ! alors affectant un air de févérité, je les faisois venir auprès de moi : en un instant tous les jupons étoient retroussés, toutes les culottes baissées jusqu'aux talons ; dans cet état de nudité je les plaçois sur une même ligne. Est-il un bonheur comparable à celui que je goûtois en confidérant tous ces culs plus jolis les uns que les autres. Les côteaux les mieux cultivés, les montagnes couronnées d'arbres toujours verds, ont-ils jamais rien offert qui réjouisse plus la vue que cette chaîne de promontoires blancs comme l'albâtre ! Si j'étois forcée d'admirer les jolies fesses des petites filles, leur contour, leur délicatesse, leur chûte ; celles des petits garçons excitoient mes

adorations : leur forme mâle, leur fermeté, me paroiſſoient fort au-deſſus de ces foibles agrémens. Semblable
à un officier qui fait avec ſoin la revue de ſa troupe,
la moindre beauté, comme le moindre défaut, ne pouvoit échapper à mes yeux pénétrans. Après avoir vu
les médailles d'un côté, les autres faces excitoient ma
curioſité : les garçons m'offroient alors des beautés qui
me raviſſoient. L'éguillette qui pendoit à leur ceinture,
les deux glands qui l'ornoient fixoient mon attention
& me paroiſſoient des ornemens bien propres à relever
les charmes de leur taille.

Cette différence dans la formation des hommes d'a-
vec celle des femmes, mettoit mon eſprit à la tortu-
re. Plus j'y réfléchiſſois, & moins je pouvois en découvrir la raiſon : je ſentois bien qu'il en exiſtoit une,
mon cœur me le diſoit ; mais la nature alors ne m'a-
voit pas encore donné les leçons propres à la deviner.
Mes amuſemens, mes jeux avec mes camarades, ten-
doient trop à échauffer mon tempérament, pour que
je demeuraſſe long-tems dans cette ignorance parfaite.

Un jour que je revenois à la maiſon, l'imagination
échauffée par tout ce que j'avois fait avec mes camarades & par les objets qui m'avoient frappée, je ne
trouvai perſonne au logis. Ambroiſe étoit comme à
ſon ordinaire occupé dans ſon jardin, Toinette étoit
ſortie depuis le matin : laſſe apparemment d'attendre
depuis deux jours des ſecours dont elle avoit grand beſoin, elle étoit allée faire une viſite dans le Convent
des Cordeliers. J'étois accoutumée à ſes abſences. Ses
prétextes vis-à-vis d'Ambroiſe, qui ſe plaignoit quelquefois

quefois de ses fréquentes sorties , étoient tantôt , ou qu'elle alloit faire ses dévotions , ou bien qu'elle reportoit le linge qu'on lui avoit donné à faire. Accoutumée à mentir , pour couvrir la jolie vie qu'elle menoit , il auroit été fort difficile de la mettre en défaut. Que dis-je ? Ambroise l'auroit surprise couchée avec quelque Moine , l'auroit même vue besogner en sa présence , que soit elle ou soit les Moines qui avoient beaucoup de poids sur son esprit , lui auroient fait entendre qu'il avoit tort de prendre de l'humeur , qu'il devroit au contraire les remercier de la peine qu'ils prenoient de cultiver un terrein qui deviendroit nécessairement en friche comme tant d'autres , malgré sa bonté , si leur état ne les obligeoit à aider & soulager leurs freres dans leur travail. En lui citant ce passage de l'Ecriture Sainte , si connu de tous les hommes & si bien pratiqué par les Moines , *Crescite & Multiplicate* ; qui doute qu'Ambroise , qui avoit toujours en vue de plaire à Dieu , ne les eût priés à mains jointes , de l'acquitter , vis-à-vis de l'Etre Suprême , d'une dette dont il se reconnoissoit insolvable ?

Il y avoit une heure que j'étois à la maison & personne ne paroissoit. Ennuyée d'attendre , fatiguée de l'exercice que j'avois fait avec mes camarades , j'étois assise sur un mauvais lit de sangles. En proie à mille pensées différentes , sans pouvoir me fixer à une seule , mon esprit bourrelé depuis long-tems , ne me donnoit pour tout produit que beaucoup d'incertitude & peu d'idées satisfaisantes : enfin pour mon bonheur , quelques baillemens , avant-coureurs d'un sommeil prochain , m'annoncerent que j'avois befoin de repos. Je m'étendis fur mon lit où je ne tardai pas à m'endormir.

SONGE.

Il paroît incroyable qu'un enfant dont toute la machine eft encore foible , puiffe jouir d'un fommeil profond après des fecouffes auffi violentes & auffi répétées que celles que j'avois reçues. Sans l'expérience que j'en fis , il ne paroîtroit gueres raifonnable d'efpérer que le plus grand calme pût fuccéder rapidement à une tempête furieufe , & de croire qu'une jeune fille dont le tempérament s'annonce par des défirs auffi ardens qu'inconnus , pût tomber dans un repos ou plutôt dans un anéantiffement auffi parfait de toutes fes facultés.

J'avois à peine fermé les paupieres , que je fis un rêve fi agréable & fi inftructif , qu'il n'eft jamais forti de ma mémoire. Il me fembloit que j'étois étendue fur un riche fopha , femblable à ceux que j'avois vus chez ma maraine : que j'avois les cuiffes extrêmement écartées une jambe pendante & l'autre foutenue fur les couffins : dans cette voluptueufe attitude , je voyois un enfant beau comme l'amour , porté dans les airs , en dirigeant fa courfe vers moi. Il paroiffoit par fon air tendre & amoureux , & par fes regards paffionnés , m'inviter de prendre part au plaifir qu'il vouloit me procurer ; plus il approchoit de moi , plus mes yeux avides de l'examiner le confidéroient attentivement. Grand Dieu ! quelle fut ma furprife , en le voyant monté fur un courfier d'une efpece bien finguliere ! Le jeune

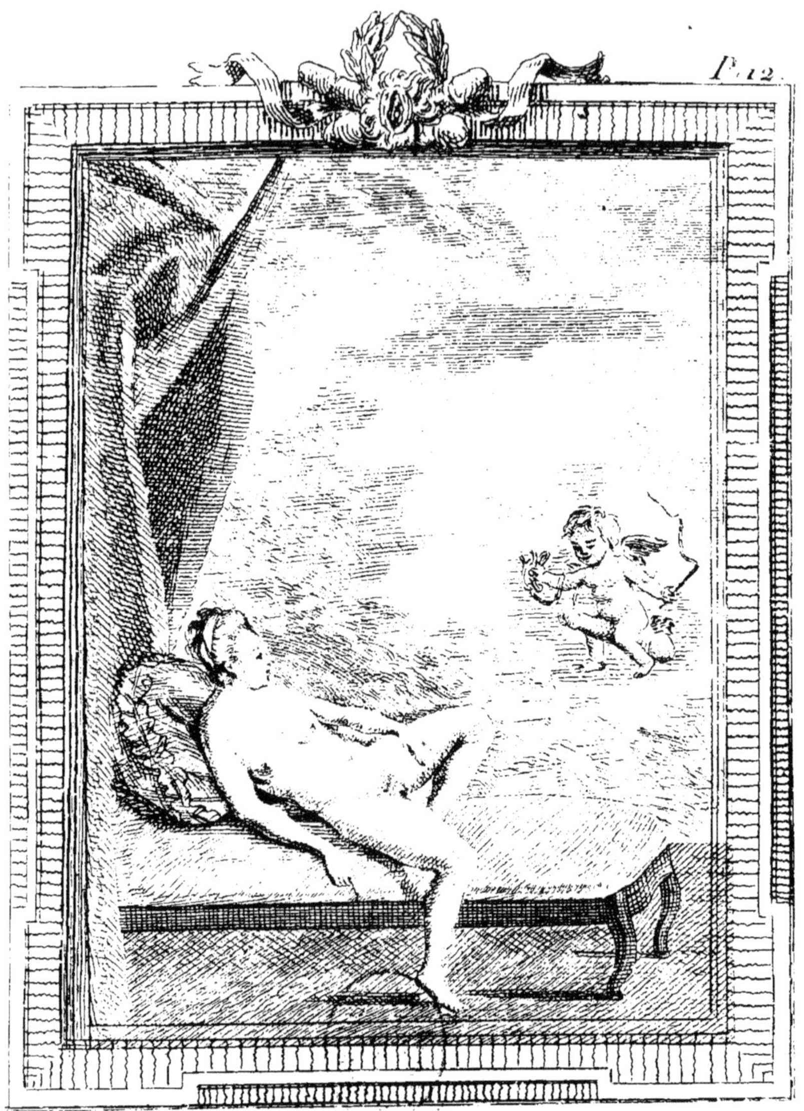

Ecuyer tenoit d'une main une bride , & de l'autre un fouet dont il frappoit sans pitié sa monture. Mon étonnement augmenta de beaucoup quand je fus à portée de découvrir quel étoit ce nouveau Pégase ; je lui trouvois bien de la ressemblance avec cette charmante éguillette que j'avois eu tant de plaisir à considérer , & qui tenoit à la ceinture des enfans de mon âge : cependant, sa grosseur, sa longueur , sa tête fiere & rubiconde , le poil noir & touffu qui le couvroit & déroboit presque à la vue deux énormes pelotons , tout me faisoit craindre de me tromper. En le voyant approcher du bosquet de Cythere , je voulois fuir , mais les forces me manquerent. Semblable aux Béliers dont les Anciens se servoient pour abattre les murailles , cet animal furieux & terrible , battoit la breche en ruine, les obstacles ne faisoient que ranimer son courage. Pour donner plus de force aux coups qu'il frappe , il recule en arriere , s'élance avec rapidité , brise la barriere qui avoit résisté trois fois à ses attaques , & se plonge en m'arrachant un cri perçant , dans la fontaine du plaisir. L'amour , fier de sa victoire , me tenoit étroitement serrée dans ses bras , appliquoit sur mon sein des baisers enflammés & me promettoit , pour me dédommager de la douleur qu'il m'avoit fait souffrir , d'augmenter encore la dose des plaisirs que je goûtois. Bientôt me sentant inondée d'une liqueur chaude & abondante , toutes les facultés de mon con , furent absorbées & je perdis toute connoissance.

Ce plaisir que je n'avois jamais ressenti jusqu'alors , avoit été trop grand , pour que mon illusion & mon

fommeil continuaffent. En ouvrant les yeux je m'apperçus avec furprife que j'étois nue jufqu'à la ceinture , & que mon doigt qui chatouilloit encore les levres de mon con , avoit donné lieu à ce fonge agréable. C'étoit donc à lui feul que j'étois entierement redevable de ce bonheur inattendu , que je croyois devoir à cet enfant charmant. Soit crainte cependant de
me tromper , foit pour graver plus profondément dans
ma mémoire cette leçon que la nature feule m'avoit
donnée , mon doigt officieux recommença fa befogne ;
auffi-tôt mon ame put à peine fuffire aux délices que
ce frottement lui caufoit. Cette heureufe découverte
m'indiquoit à merveille qu'une fille qui eft maîtrifée
par fon tempéramment , comme la plûpart le font , peut
fe foulager de tems en tems.

Qu'on n'aille pas m'objecter que cela offenfe Dieu ;
car fi ce que difent les Cafuiftes eft vrai , pourquoi
l'Etre Suprême auroit-il attaché tant de plaifir à la
défobéiffance ? Seroit-ce pour nous porter lui-même à
enfreindre fes loix ? Pourquoi dans la formation de
la femme , auroit-il placé le centre du plaifir dans
un endroit où la main fe porte fans peine & machinalement dans les démangeaifons cuifantes ? Seroit-ce
pour avoir occafion de nous punir d'avoir fuivi en tout
les loix de la nature , de cette bonne mere qui indi-
que fi bien à fes enfans les moyens de rendre leur exif-
tence heureufe ? Dites plutôt , hommes fourbes & trom-
peurs , que c'eft pour fatisfaire votre avarice , que vous
prêchez une doctrine contraire aux loix que Dieu
grava dans le cœur de tous les hommes. Quand vous

avez pû abufer de la foibleffe d'efprit, foit de votre auditoire, foit de vos pénitens, au point d'engager par vos difcours hypocrites à déshériter, les uns leurs enfans & leurs femmes, les autres leurs freres & leurs parens, dans la vue de plaire à Dieu par cette injuf-tice : n'êtes-vous pas mille fois plus heureux qu'une pauvre fille qui par fept à huit décharges a fatigué fes dix doigts ? Croyez-vous que vos Couvens feroient fi riches, que les repas que vous donnez dans vos cellu-les feroient fi délicatement fervis, fi au lieu de repré-fenter l'Eternel toujours précédé par la vengeance, ar-mé de foudres & de tonnerres, vous nous le montriez comme un pere qui chérit également tous fes enfans, & qui ne les a mis au monde que pour les rendre heu-reux ? Si vous étiez amis de l'humanité, vous enten-droit-on fi fouvent vous époumoner pour nous prêcher une morale dure & rebutante, pour nous faire une defcription auffi fauffe que dégoutante du Paradis & de l'Enfer ? Auriez-vous enfin imaginé ce Purgatoire dont l'invention vous a procuré plus de richeffes que le Pé-rou n'en pourra jamais produire ? Croyez-moi, quittez ce langage, & que les Chaires ne retentiffent plus dé-formais que de ces mots : FOUTEZ, mes chers freres, foutez, fi vous ne croyez pas qu'il y ait d'autres moyens de vous rendre heureux. Et vous dont le tem-pérament devance cet âge d'or heureux, où les amans viennent en foule vous faire la Cour, vous demander à cueillir cette précieufe pomme pour laquelle nos pre-miers peres eurent tant de goût, pelottez en attendant partie, ou pour parler plus clairement, branlez-vous.

Je crois inutile de vous conseiller de préférer pour cette
besogne , le plus long de vos doigts ; toutes celles qui
feront usage de ma recette, n'ont besoin de l'avis de
personne pour se déterminer dans le choix des moyens
de rendre le plaisir plus sensible.

Ce godemiché qui servoit de monture à l'amour , seroit à la vérité bien plus propre à faire goûter à une
fille les joies du Paradis ; car les doigts d'une femme n'auront jamais cette grosseur , cette longueur , & sur-tout
cette roideur que j'avois tant admirée. Si dans mon songe il m'avoit fait goûter tant de plaisir , comment pourroit-on exprimer celui qu'il feroit en réalité ?

Comme ces instrumens , qui représentent si au naturel le vit d'un homme , sont très-rares , en ce qu'ils se
font dans les couvens , sources de toutes les inven-
tions qui tendent à se procurer les plaisirs de la chair ,
je conçois que toutes les filles ne peuvent être pour-
vues de ce meuble utile. Mais dans ce cas , elles ont leur
dix doigts. Si un seul doigt ne remplit pas assez la mor-
taise , elles n'ont qu'à faire comme moi. J'en ai employé
deux à la fois , & souvent trois , sur-tout lorsque je sens
que le plaisir commence à s'émousser. Cependant , pour
dire la vérité , tous ces différens moyens appaisent plutôt les desirs qu'ils ne les satisfont. C'est une incendie
dont on arrête les progrès ; mais qu'on n'éteint pas entiérement.

Il y avoit long-tems que cherchant à deviner pourquoi
cet outil que l'amour avoit entre les jambes , étoit si
différent de celui des enfans de mon âge , j'examinois
s'il n'y auroit pas moyen de leur faire acquérir cette

qualité si essentielle dans les combats amoureux , lorsque ma mere entra dans ma chambre & mit fin à toutes mes réflexions.

Le lendemain je fus à peine levée , que je me hâtai de rassembler mes camarades. Il me tardoit bien de les voir réunis dans cette grange où nous avions coutume de jouer. Comme tout ce qui s'étoit passé la veille m'avoit ouvert les yeux sur bien des choses , je désirois de revoir un petit garçon tout nud ; ce qui ne fut pas difficile.

Lorsque notre bande joyeuse fut arrivée au rendezvous ordinaire , je proposai pour amusement de faire notre école : personne ne s'y opposa , & l'on me pria même de continuer d'en être la maîtresse , ce que j'avois bien prévu. L'enfant de qui je voulois examiner scrupuleusement les pieces , pinça à propos sa camarade , & me fournit par cette faute occasion de lui faire subir la punition ordinaire. Déjà sa chemise relevée jusques sur ses épaules , étoit attachée par quatre fortes épingles ; déjà caressant ses fesses fermes & rondes , je dévorois des yeux mille beautés ravissantes , lorsque la mere de ce même enfant entra avec tant de précipitation dans cette grange , qu'elle étoit près de moi , que je ne m'en étois pas encore aperçue. Alors une grêle de coups de pieds & de coups de poings des mieux appliqués , tomberent sur son fils & sur moi. Les autres enfans craignant le même sort , sortirent avec précipitation & se retirerent chez eux. Je fus ramenée par cette même femme chez ma mere , qui fut obligée de me punir , pour faire voir qu'elle étoit aussi scrupuleuse sur cet article qu'aucune femme de son village.

Cette histoire fut bientôt connue de tout le monde. Le Curé même fit un fort mauvais sermon le Dimanche suivant, dans lequel il exhortoit les parens de ne pas permettre à leurs enfans de me fréquenter. Cette défense rigoureuse de la part du Curé & des parens m'étonnoit beaucoup. Je ne pouvois concevoir pourquoi tout le monde se réunissoit pour défendre des jeux dans lesquels, moi & tous mes camarades, nous n'avions trouvé aucun mal jusqu'alors , pour lesquels nous avions tous la même volonté & les mêmes désirs; en un mot , qui nous amusoient tous généralement.

Comme je ne connoissois pas encore toutes les entraves que le préjugé mettoit au bonheur de l'homme , je regardois l'action de nos parens comme bien méchante & bien injuste. A présent que j'y réfléchis encore , il me semble que nous devons nous en prendre à nous-mêmes, si nous ne sommes pas heureux sur la terre. Oui, l'homme même a forgé de ses propres mains son malheur, & aiguisé les traits qui doivent lui percer le cœur. Ne seroit-il pas à désirer qu'il n'eût jamais suivi que l'instinct de la nature , plutôt que de s'être soumis à des loix & à des coutumes qui n'ont été inventées que pour le malheur de l'humanité ?

Mais, me dira quelque Jurisconsulte entiché de son art , ces mêmes loix & ces mêmes coutumes que vous condamnez, sont le lien de la société. Eh! que m'importe la dissolution entiere d'une société dont tous les membres sont malheureux ; où chaque individu, presqu'en naissant , est obligé de faire le sacrifice de ses goûts, de ses désirs & de ses passions , pour ne point

détruire

détruire un préjugé plus cruel & plus barbare que les hommes auxquels il doit sa naissance ? Apportons-nous ce préjugé en venant au monde ? Non ; la preuve que j'en puis donner, c'est que ma petite république prenoit le plus grand plaisir aux jeux que j'avois imaginés avant qu'on lui en eût fait concevoir de l'horreur, & que dans la suite aucun enfant ne vouloit plus venir avec moi.

Cependant Dieu a fait naître tous les hommes avec les mêmes inclinations & les mêmes desirs ; en voulant les corriger, nous les détruisons presqu'entiérement, & les remplaçons par des vices qui dégradent & déshonorent l'humanité. A qui donc enfin ce maudit préjugé doit-il sa naissance ? Au premier homme, qui, pour être différent des autres, foula sous les pieds les loix sacrées de la nature. Ne vaudroit-il pas mille fois mieux ressembler aux sauvages, qui sont errans & vagabonds dans les déserts, sans loix, sans usages & sans préjugés, fléaux du genre humain ? Ils coulent des jours heureux & tranquilles. L'opprimé a-t-il jamais habité sous leurs cases. Si elles ont quelquefois retenti de leurs cris, peut-on douter que ce soit de ceux que leur arrachent les maux physiques.

Il est tems de finir cette longue digression, & de passer à des faits moins ennuyeux pour le lecteur.

On sent très-bien que mon séjour à la maison devenoit de plus en plus dangereux. A mesure que j'avançois en âge, Toinette, qui avoit plus de raison que personne de desirer mon éloignement, auroit bien voulu pouvoir me mettre dans un Couvent ; mais ses moyens ne lui permettoient pas de faire cette dépense.

Comme ma marreine avoit une terre auprès de notre Village, elle se détermina à lui faire une visite & à l'engager de s'intéresser à mon éducation.

Il est bon de prévenir le lecteur que ma mere avoit été femme de chambre de Madame d'Inville, & je crois qu'il ne sera plus étonné de la jolie vie qu'elle menoit, après avoir été pendant dix ans à une si bonne école. Elle seroit demeurée toute sa vie au service de ma marreine, si, contre l'ordinaire des femmes qui savent goûter tous les plaisirs de l'amour sans en jamais ressentir les amertumes, elle ne fût devenue enceinte. Alors pour éviter tout scandale, il fallut la marier. Ambroise, comme un autre S. Joseph, fut jugé seul digne d'unir sa destinée à celle de Toinette.

Il ne tarda pas à se repentir de l'avoir emporté sur ses rivaux, en se voyant pere d'un enfant que, malgré sa bonhommie, il ne s'attendoit pas devoir paroître trois mois après son mariage. Comme l'enfant mourut presqu'en venant au monde, on lui fit accroire tout ce qu'on voulut, & que ne fait-on pas pour tromper les maris? Il faut convenir qu'il a été fort difficile de trouver le véritable pere de cet enfant, tant il y avoit de gens qui y avoient travaillé. C'étoit à Madame d'Inville que ma mere étoit redevable de son mariage avec Ambroise. C'étoit une dot de 1500 livres qu'elle lui avoit donnée, qui avoit aveuglé le bonhomme & lui avoit fait regarder comme la plus grande calomnie tous les propos injurieux que l'on débitoit dans le Village.

Combien l'argent a fait & fera de cocus? Il auroit

été impoſſible que Madame d'Inville en eût agi moins généreuſement avec ma mere, qui ſavoit toute ſa vie & qui auroit pu la trahir, ſans les différens préſens qu'elle recevoit & qui lui ôtoient toute envie de jaſer ; d'ailleurs elle ſentoit plus que perſonne tout le prix de la diſcrétion.

C'étoit auſſi pour n'avoir point à redouter ma langue, qu'elle cherchoit à m'éloigner de la maiſon à quelque prix que ce fût. Je n'étois pas moi-même fort mécontente d'en ſortir. Je menois une vie trop malheureuſe dans notre Village, pour deſirer d'y reſter. Si je ſortois, l'on me montroit au doigt avec toutes les marques qui accompagnent le mépris. Si je reſtois à la maiſon, ma mere, quand elle étoit ſeule, me faiſoit ſouffrir de l'humeur qu'elle avoit de ne pas recevoir de viſites. A quoi paſſiez-vous donc votre tems, me dira le lecteur ? J'avois pour tout plaiſir mes dix doigts, que je fatiguois tour-à-tour. En un mot, je me branlois du ſoir au matin. Je le faiſois tant & ſi ſouvent, que ce plaiſir n'avoit preſque plus rien de picquant pour moi ; ma ſanté même périclitoit chaque jour de ce petit manége.

Encore que cette reſſource faſſe paſſer aux filles des momens bien doux, je leur conſeille cependant d'en uſer plus modérément que moi, ſur-tout ſi elles doivent être long-tems réduites à ce régime. A trop uſer de ce plaiſir on l'émouſſe, la ſanté s'affoiblit ; il eſt même à craindre qu'après avoir trop fatigué tous les reſſorts de la machine, il n'occaſionne ſon entiere deſtruction. Il faut pour thermometre ſûr, conſulter moins ſon appétit,

qui eſt toujours très-grand dans une jeune perſonne, que
ſes véritables beſoins. Alors on ſera toujours très - ſûr que
le tempérament, loin d'en ſouffrir, ne fera qu'y gagner. Je
ſouhaite que les jeunes Demoiſelles profitent, en paſ-
ſant, de cet avis. S'il déplaît à celles qui ont des beſoins toujours renaiſſans, il pourra du moins être utile
à d'autres, dont les deſirs ne ſont pas auſſi violens. L'u-
ſage immodéré des remedes les plus ſalubres, peut les
rendre auſſi dangereux à la ſanté que les poiſons les plus
pernicieux.

En enſeignant aux perſonnes de mon ſexe les moyens
d'engourdir leurs paſſions, je ſerois au déſeſpoir qu'on
pût me reprocher que j'euſſe été cauſe de la perte de
quelques-unes. Le but que je me propoſe en donnant
au public les Mémoires de ma vie, eſt d'être utile à
tout mon ſexe, bien loin de chercher à lui nuire.

Mais c'eſt aſſez raiſonner ſur cet article ; d'ailleurs
de quelle utilité tous mes raiſonnemens pourroient-ils
être à celles qui, comme moi, apporteroient en naiſ-
ſant des paſſions que les jouiſſances les plus répétées ont
peine à ſatisfaire ? On ſera ſûrement plus curieux de ſavoir ſi
la démarche de Toinette auprès de Madame d'Inville aura
réuſſi. L'air gai que je trouvai à ma mere à ſon retour,
l'ordre que je reçus de mettre le lendemain mes plus
beaux habits & de me rendre de très-bonne heure chez
ma marreine, furent des indices certains que je ne reſ-
terois pas encore long-tems dans la maiſon paternelle.
Le bonhomme Ambroiſe fut à peine revenu de ſon travail, que ma mere lui conta avec emphaſe la réception
qu'elle avoit eue au château, & la promeſſe qu'on lui

avoit faite de me mettre dans un Couvent , jufqu'au
moment où l'on m'établiroit. Cette converfation fournit même plufieurs réflexions fur le bonheur que fon
cher mari avoit eu en l'époufant ; que malgré qu'il fe
plaignoit continuellement de fon fort , il n'auroit jamais pu efpérer de voir fes enfans fi bien élevés & fi bien
établis , s'il fe fût uni à une fimple payfanne.

La langue de ma mere étoit fi bien pendue ce foir-
là , les idées lui venoient avec tant de rapidité , que
mon pere , qui avoit befoin de repos & qui fe fentoit
une très-grande envie de dormir , fut obligé , pour faire treve à cette converfation qui paroifloit l'ennuyer
beaucoup , de convenir que fon mariage lui procuroit
des avantages ineftimables : je dormis peu cette nuit-
la. Le plaifir de me voir parée un jour de travail des
mêmes habits que je ne portois que les fêtes carillon-
nées , le defir de changer d'état , & le plaifir que je
reffentois de favoir que j'allois bientôt être la compagne & l'égale des Demoifelles les mieux nées , ou pour
le moins , d'un état fort au-deffus du mien ; toutes ces
efpérances flattoient tellement mon amour-propre , que
j'eus le lendemain la puce à l'oreille de très-bonne
heure.

Quand je fus habillée & prête à partir , ma mere me
recommanda d'être très-honnête , & de témoigner à ma
marreine toute la reconnoiffance que j'avois , des bontés qu'elle avoit pour moi. Après une ample leçon fur
tout ce que j'avois à dire & à faire , je me mis en route.

Chemin faifant , je repaffois tout ce qui m'avoit été
dit , j'étudiois & préparois mes réponfes afin d'inté-

reſſer à mon ſort Madame d'Inville le plus que je pourrois. Les réflexions que je faiſois ſur le nouveau genre
de vie que je menerois dans le Couvent , & ſur le bonheur dont je devois y jouir , me conduiſirent juſques
dans la Cour du château , ſans m'être preſque apperçue de la longueur du chemin que j'avois fait. Sa vue
me déconcerta beaucoup & m'ôta toute ma hardieſſe
pour faire place à une timidité qui me rendit preſque
tremblante. Mais j'eus tout le tems de me remettre. Le
Concierge en me voyant paroître , me dit qu'il avoit
ordre de me faire déjeûner ; qu'après cela je pourrois
attendre dans le ſallon de compagnie , où Madame d'Inville viendroit me retrouver ſur les onze heures. Je
me tirai fort bien du déjeûner , quoiqu'il n'en eût pas
été queſtion dans la leçon que m'avoit donnée ma mere.

Après avoir copieuſement mangé de tout ce qu'on
me ſervit , j'allai attendre que Madame d'Inville fût
viſible. Ma chere marreine montroit extérieurement beaucoup de piété. Ses entretiens particuliers avec l'Abbé
Fillot , Chanoine d'une Collégiale voiſine du Château,
loin de ſcandaliſer ſes domeſtiques , augmentoient encore l'eſtime & le reſpect qu'on avoit pour elle. Tous
croyoient qu'elle ne ſe retiroit ainſi dans ſon appartement tous les deux jours , que pour faire de pieuſes
lectures , & ma mere étoit la ſeule de tous ſes domeſtiques qu'elle avoit jugé digne de ſa confiance , par
les rapports qu'elle lui avoit reconnus de ſes ſentimens
avec les ſiens. Perſonne depuis qu'elle n'étoit plus à ſon
ſervice , n'avoit été initié dans les myſteres de ſa conduite.

Je trouve qu'elle avoit bien raison : moins on a de
témoins de son irrégularité , moins on a à redouter
qu'elle devienne publique. Il est des cas où l'on ne
gagne pas à étendre sa réputation. Ma marreine , en
femme prudente , sentoit qu'elle auroit beaucoup perdu dans l'esprit du public , s'il eût été une fois désa-
busé sur son compte.

A présent que je réfléchis sur l'état que je fais qui est
à la vérité très conforme à mon tempérament , mais
qui doit toujours répugner à celles qui conservent dans
leurs passions un peu de délicatesse , je trouve qu'une
fille qui est assez adroite pour couvrir sa conduite du
voile du mystere , doit y gagner beaucoup. Elle est
toujours sûre , par cette sage précaution , d'augmenter
le nombre de ses adorateurs , & par conséquent de mul-
tiplier ses plaisirs.

La vue d'une putain , fut-elle plus belle que Vénus ,
excite peu de desirs à un homme. La facilité qu'il auroit à les satisfaire , en faisant seulement le sacrifice
d'une piece d'argent , lui en ôte presque toujours l'envie. S'il aime à acheter ses plaisirs , c'est par des sa-
crifices , des complaisances , des soins & des égards ,
mais jamais au poids de l'or. Son amour propre n'est
jamais plus satisfait que quand il doit la conquête d'une
fille à ses agaceries , à ses importunités & sur-tout à
l'amour qu'elle ressent pour lui. Si les Financiers &
presque tous les favoris de Plutus agissent autrement ,
c'est qu'ils calculent dans tous les instans de leur vie.
Le tems précieux qu'ils perdroient à soupirer pour obtenir les faveurs d'une femme , leur coûteroit mille fois

plus que le facrifice qu'ils font de quarante ou cinquante mille francs pour entretenir une jolie femme, dont les charmes font toujours vendus au plus offrant. Me ferois-je jamais attendue, dans le tems que je defirois la fin du pieux exercice de Madame d'Inville & que la perfpective la plus agréable s'offroit à ma vue, que je me trouverois un jour fort heureufe qu'il tombât fous ma coupe un de ces riches millionnaires, pour avoir le plaifir de le plumer tout à mon aife. J'aurois commencé à m'ennuyer de ne voir paroître perfonne, (le tems s'écoule bien lentement pour quelqu'un qui attend,) fi les ornemens du fallon où j'étois, fes meubles riches & choifis avec goût, la beauté des glaces qui le décoroient ; fi tout enfin n'eût excité mon admiration.

Les moindres beautés de cet appartement n'avoient point échappé à mes regards curieux. De tout cet examen que réfulta-t-il ? Que je regardois Madame d'Inville comme la plus heureufe perfonne de toute la terre. Qu'on eft fujet à fe tromper, quand on apprécie le bonheur de fes femblables en raifon de leurs richefles. L'homme fous des lambris dorés & couvert des vêtemens les plus précieux, cache une ame rongée de foucis & d'inquiétude Envirions-nous le fort de ce riche malheureux, fi nous pouvions lire dans fon cœur ulcéré? Celui du vil artifan, dont le travail lui fournit toutes les chofes néceffaires à la vie, n'eft-il pas mille fois à préferer? Madame d'Inville étoit elle-même dans ce cas-là ? A la voir, on auroit crû qu'aucune femme ne menoit une vie plus heureufe ; mais quand

je

je fus à même de connoître le fond de son cœur, j'en jugeai bien différemment. Je trouvai en elle une femme tyrannisée par des passions toujours renaissantes, d'autant plus malheureuse qu'elle craignoit de les satisfaire ouvertement. Elle redoutoit avec raison un mari jaloux qui se seroit porté aux plus grands excès s'il eût seulement soupçonné sa conduite.

Onze heures étoient sonnées depuis long tems & la conférence édifiante avec M. l'Abbé Fillot ne finissoit point. Comme je n'avois pas dormi la nuit précédente, je ne pus résister à une envie démesurée qui m'en prit, & pour la satisfaire, je m'étendis sur un sofa bien propre à m'inviter au sommeil : Quoique très jeune, j'avois tellement contracté l'habitude de me branler, que dès que j'étois étendue sur un lit, ma main se portoit machinalement vers la source du plaisir. Mais la crainte que j'avois que ma marreine n'arrivât pendant que je dormirois, me fit prendre beaucoup de précaution pour éviter d'être surprise. Au lieu de me retrousser jusqu'à la ceinture, comme j'avois coutume de faire, ma main passée dans la fente de mon jupon, chatouilloit légèrement les levres de mon con. L'habitude, comme on dit, est une seconde nature. La mienne étoit tellement enracinée chez moi, que semblable aux enfans qu'on a coutume de bercer pour les endormir, j'aurois pû rester huit jours sans fermer l'œil, si j'avois discontinué de me bercer à ma maniere.

J'étois à peine dans l'attitude propre au sommeil que je sentis quelque chose se glisser entre mes cuisses & faire même efforts pour les écarter. Un instant après un

dard brûlant & d'une activité incroyable pénétroit avec
beaucoup de vivacité dans le fond de mon con. La crainte que j'avois que ce ne fût un songe à peu près semblable à celui que j'avois fait quelques semaines auparavant, ne m'auroit point fait ouvrir les yeux pour
l'empire du monde. L'illusion avoit trop de charme pour
moi, pour chercher à en sortir. J'appréhendois qu'en
voulant m'assurer d'où provenoit la cause de ce bonheur inopiné, je ne la détruisisse entierement, & qu'il ne
me restât pour tout fruit de ma curiosité, que le déses-
poir de l'avoir perdu.

Sans m'inquiéter davantage de ce qui en étoit, je
me prêtai au plaisir que l'on me procuroit, & ne tardai point à arriver au port de la grace.

Revenue de ma pamoison qui avoit duré plus long-
tems qu'à l'ordinaire, j'ouvris les yeux & reconnus
avec une surprise mêlée de peur, que Pyrame, jeune
chien, qui appartenoit à Madame d'Inville, étoit ce
bienfaiteur, que je n'aurois jamais soupçonné d'être si bien
dreslé. Dès qu'il me vit réveillée, il passoit & re-
passoit dans mes jambes & sembloit s'applaudir du
service qu'il m'avoit rendu & m'en demander la récompense. J'ignorois ce qu'il vouloit me faire entendre par ses caresses, & ne pouvois m'acquitter envers
lui qu'en en redoublant à son égard. J'ai sû dans la
suite que ma chere marreine lui donnoit une dragée
toutes les fois qu'il lui faisoit cette besogne, & moi
pour l'exciter, pour ainsi dire, à se surpasser, je lui
en donnois deux quand je l'employois ; ma générosité
avoit son but, le désir qu'il avoit d'avoir deux dra-

gées, le faisoit tellemens d pêcher & l'excito t à darder
la langue avec tant de précipitation, que l'affaire se
faisoit en un instant, & avec tant de plaisir que mon
ame pouvoit à peine y suffire. Il faut avouer que Madame d'Inville avoit bien des ressources dans l imagination, ou plutôt que la nature est bien ingénieuse. Quel
génie heureux cette Dame avoit ! Que de sage précautions elle employoit pour cacher, d'un voile impénétra-
ble, ses plaisirs habituels ! Un Abbé tartuffe par état,
& libertin par inclination, un chien fidele comme tous
ceux de son espece & discret par contrainte ; tels étoient
les ministres de ses passions. Femmes ! Voilà votre mo-
dele ; livrez-vous, si le tempérament vous y porte, à
tout ce que l'amour a de plus piquant ; mais sur-tout,
sauvez les apparences. Si votre société ne peut vous
fournir un homme qui soit ou porté par inclination,
ou forcé par état à la discrétion, dressez à son exemple un petit chien. Cette ressource ne peut vous manquer, & vous l'aurez quand vous voudrez.

Je ne vous conseille pas de faire comme plusieurs de
nos Dames, qui font venir des Negres de l'Amérique
& qui les font coucher dans leur lit lorsqu'ils sont
jeunes. Le Negre malgré son attachement & sa fidélité
envers son maître, pourroit quelquefois, dans un moment de mécontentement, révéler votre conduite. Mais
je ne m'apperçois pas que l'envie d'être utile à mon
sexe m'emporte trop loin. J'ai tort, cher Lecteur, & je
l'avoue, de vouloir donner des conseils à celles de qui
je devrois humblement en recevoir. Verroit-on nos promenades & nos jardins publics, fourmiller d'hommes

qui vendent des petits chiens ; verroit-on presque toutes les femmes en avoir , qu'elles chériffent plus que
leurs maris , en reconnoiffance de ce qu'ils leur font
paffer plus fouvent des momens agréables , pour ne pas
dire qu'ils font quelquefois le devoir du ménage , fi
l'utilité de ces petits chiens ne leur étoit pas connue ?
Je fuis fâchée qu'on ait perdu le goût d'avoir des fin-
ges comme autrefois. Cet animal eft naturellement fi
chaud , qu'à défaut de ceux de fon efpece , il a fou
vent forcé des filles & des femmes : le plaifir en tout
femblable à celui que procure un homme , feroit plus
grand. D'ailleurs , on n'auroit point de peine à les
dreffer.

Mais , me dira quelqu'un , leur laideur affreufe froit
trouver mal une femme. . . . Peut-être celle qui ne con
noîtroit pas leur mérite : mais je réponds qu'elle ne
tarderoit pas à s'y apprivoifer , quand elle auroit une
fois éprouvé leur utilité.

La figure décide-t-elle jamais le choix d'une femme
amoureufe ? Celui qui lui paroît le plus vigoureux n'eft-
il pas toujours fûr de l'emporter fur fes rivaux ?

Comme j'ai pris à tâche de mettre la patience de
mon Lecteur à l'épreuve , je ne puis terminer cette di-
greffion , fans donner confeil aux filles de joie d'employer utilement leurs momens de loifir. La pûpat ne
favent comment chaffer l'ennui inféparable de l'oifiveté.
Qu'elles faffent ce que je vais leur dire : leurs momens
perdus feront employés , & utilement & agréablement.
Elles n'ont qu'à fe charger de dreffer tous les chiens
qui doivent fervir aux plaifirs des femmes , foi-difant

honnêtes. Je leur réponds autant du débit de ces petits chiens que des godemichés & des condons qui se vendent au Palais Marchand. L'argent circulera dans leurs maisons autant qu'il y est rare, & leur vie se passera dans des plaisirs continuels. Cette branche de commerce une fois connue, peut-être toutes les femmes voudront-elles s'en mêler. Il faudra alors qu'elles redoublent de soins pour rendre leurs éleves mieux dressés que ceux des personnes qui voudront courir la même carriere.

Mais qu'en dites-vous, Lecteur? Il est tems, je crois de revenir à Madame d'Inville, qui ne tarda plus à paroître qu'autant de tems qu'il en fallut pour réparer le désordre de mes habits. J'étois même encore occupée à caresser Pyrame lorsqu'elle entra. Elle étoit accompagnée de l'Abbé Fillot qui lui donnoit la main. Je courus aussi-tôt l'embrasser & lui témoignai ma reconnoissance des bontés qu'elle vouloit bien avoir pour moi. Je t'ai bien fait attendre, mon enfant, me dit ma marreine. Je t'aurois fait dire de ne venir me voir que demain, si je m'étois ressouvenue hier que c'étoit aujourd'hui mon jour d'exercice. J'en aurois été très fâché, Madame, dit l'Abbé Fillot. . . . je n'y aurois pas été... vous m'auriez privé du plaisir de voir cette belle enfant. Qu'elle est intéressante! Qu'elle sera belle, tout en disant cela, le paillard me serroit amoureusement les mains & me regardoit avec des yeux si enflammés par la passion, que la timidité me fit baiser la vue. Je lui entendis même dire, entre le haut & le bas, qu'il voudroit être chargé, quand j'aurois quinze ans, de me donner la premiere leçon d'amour.

Tout ce qu'il difoit & faifoit étoit une énigme pour moi, il auroit parlé & agi encore plus indifcretement, que je n'y aurois rien compris.

Ma marreine, cependant lui fit figne de fe taire & me demanda fi je ferois bien aife d'être mife au Couvent. Sur ce que je lui répondis que je n'avois aucune répugnance à faire la volonté de ma mere & la fienne, elle me promit que fi je contentois bien mes maîtref-fes, & que fi je me conduifois bien qu'elle m'attache-roit auprès d'elle, lorfqu'elle m'en retireroit. Enfin qu'elle fe chargeroit de mon établiffement. Tiens-toi prête, dit-elle, pour demain, je t'irái chercher moi-même & te conduirai dans le même Couvent où il m'eft mort une fille, dont la perte me fera toujours fenfib e. On y eft très-bien, tant pour la nourriture que pour l'éducation.

Après avoir fait mes remercimens à ma marreine, on propofa de defcendre au jardin. Nous reftâmes à la pro-menade jufqu'au dîner. Une heure après être fortie de table, je quittai le château, pour revenir chez mon pere. En traverfant mon village, je me vengeai du mé-pris qu'on avoit témoigné depuis quelque tems pour moi, en affectant de ne faluer perfonne.

De retour à la maifon, je trouvai ma mere enfer-mée dans fa chambre, c'étoit apparement auffi fon jour d'exercice : ou plutôt je crois que tous les jours de la femaine auroient été également employés s'il avoit dé-pendu d'elle.

Si au moins Toinette avoit eu un petit chien qui m'eût rendu le même fervice que Pyrame, les deux heures qu'elle me fit attendre se seroient écoulées plus rapidement.

Dès que le Pere Procureur, avec qui elle étoit dans sa chambre fut sorti, elle s'occupa jusqu'au souper des préparatifs de mon départ. Le lendemain ma marreine arriva à l'heure dite. Le bon homme Ambroise versa des larmes en me voyant partir; ma mere affecta un peu de chagrin. Quant à moi, je ne pus m'empêcher d'en répandre dans le sein de mon pere, qui m'avoit toujours beaucoup aimée : mais je quittai ma mere avec presque autant d'indifférence que si je ne l'avois jamais connue. J'étois depuis long-tems trop malheureuse avec elle pour être fâchée de notre séparation.

Le Couvent où l'on me conduisit n'étant éloigné de notre Village que de quatre lieues, nous y arrivâmes en très-peu de tems : nous nous rendîmes chez la Supérieure, à qui ma marreine me recommanda beaucoup, ainsi qu'aux autres Meres de la maison. Madame d'Inville, en me quittant, m'embrassa tendrement & me glissa un louis dans la main, qu'elle me dit d'employer à régaler les autres pensionnaires.

Me voilà donc dans un Couvent, dans ce lieu dont je m'étois fait une idée bien au-dessus de ce que je fus à même d'en juger quand j'y fus entrée. Au milieu de cinquante ou soixante compagnes, de caracteres & d'humeurs différentes, toutes me faisoient des questions & tâchoient de pénétrer dans laquelle de leur société je devois être admise ; car toutes les pensionnaires en formoient plusieurs. Ce qui me picqua à la fin, ce fut de voir que ma franchise ne me faisoit pas faire un pas dans leur confiance.

Ne pouvant deviner le but de leur curiosité, j'étois décidée de mettre moins de sincérité dans mes réponses. Je m'étois imaginée que ma vie au Couvent se passeroit dans de continuels amusemens ; combien je me trompois ! Je crus le premier mois que je succomberois sous l'ennui mortel qui me consumoit. Ce qui me désespéroit le plus, c'est que mes compagnes, en évitant de m'associer à leurs jeux, sembloient me reprocher la bassesse de ma naissance. Pour tout dire en un mot, les duretés de ma mere me sembloient préférables à l'indifférence que tout le monde témoignoit à mon égard.

J'étois déjà décidée à faire écrire à Madame d'Inville, pour qu'elle eût la bonté de me retirer du Couvent, lorsqu'une Sœur novice me fit perdre en un instant cette résolution. C'est de la Sœur Monique dont je veux parler : c'est elle qui m'enseigna les plaisirs réservés aux élus de Dieu. C'est aux nuits charmantes qu'elle me fit passer dans ses bras, que je suis redevable du goût que je pris pour le Couvent. Autant je desirois auparavant de revenir chez mes parens, autant j'aurois été fâchée qu'on me retirât. Adam & Eve étoient moins heureux dans le Paradis Terrestre, que je ne l'étois au Couvent. Ils y avoient des désirs qu'il leur étoit, dit-on, défendu de satisfaire : quant à moi, je n'en conservois aucuns. Le bonheur de jouir des houris que Mahomet promet aux fidéles observateurs de l'Alcoran, n'est que chimere, en comparaison de celui dont je jouissois. Pour tout dire enfin, il n'est pas possible de le comprendre à moins d'avoir *goûté les délices qu'il procure.* *L'époque*

L'époque de mon bonheur eſt toujours ſi préſente à ma mémoire, que je ne l'oublierai jamais ; c'étoit préciſément la veille du jour que j'avois fixé pour faire écrire à Madame d'Inville, afin qu'elle me retirât du Couvent, ſous prétexte d'être incommodée. Au ſortir du réfectoire, je m'étois retirée dans ma chambre pour méditer les raiſons que je donnerois du deſir que j'avois de revenir chez mes parens. Toutes celles que j'avois de déteſter mon nouveau genre de vie me paroiſſoient à moi très-fondées ; cependant je craignois qu'elles ne paruſſent point auſſi ſolides aux yeux des autres.

Déſeſpérée de n'en point trouver d'autres, mon parti étoit pris : je devois m'en ſervir, j'étois même bien décidée dans le cas où elles n'opéreroient pas l'effet que je deſirois, de me conduire ſi mal, qu'on feroit à la fin obligé de me renvoyer. Pleine de ces idées, je me mis au lit.

J'étois à peine couchée que j'entendis le tonnerre gronder d'une maniere épouvantable. L'orage étoit ſi furieux, le tems étoit ſi noir, les éclairs, qui ſe ſuccédoient rapidement, étoient ſi brillans, que ma chambre paroiſſoit tout en feu. Les coups de tonnerre que répétoient les échos d'alentour qui les rendoient plus terribles, donnoient de telles ſecouſſes à la maiſon, qu'il ſembloit qu'elle alloit s'écrouler.

La peur que j'avois d'être écraſée par la foudre me rendoit immobile. N'ayant pas même la force de ſortir de mon lit, je m'étois enfoncé la tête ſous la couverture, pour ne point voir toutes les horreurs de cette

++

nuit épouvantable. Foible remede ! ma crainte ne faifoit que s'accroître.

Je regardois cette nuit comme la derniere de ma vie, quand je fentis quelqu'un fe gliff-r fous mes draps. J'étois prête à crier, mais j'entendis une voix qui me raffura & que je reconnus pour être celle de la Sœur Monique. Elle me dit que la peur du tonnerre l'avoit déterminée à venir coucher avec moi. Je le crus, & j'en fus fort aife, fur-tout que ce fût elle. Elle avoit toujours paru avoir plus d'amitié pour moi que tout le refte du Couvent. Je crus d'abord que la nuit alloit fe paffer à caufer de tout ce qui fe faifoit dans le Couvent, à paffer en revue toutes les actions des Sœurs, & à critiquer fur-tout la conduite de la Supérieure. Le bruit commun, à la vérité, étoit qu'elle couchoit toutes les nuits avec le Directeur de la maifon : & toutes les Meres, jaloufes de fon bonheur, fe plaifoient à l'entretenir. Etoit-ce parce qu'elle faifoit mal qu'on blâmoit fon commerce... Non... rien n'eft fi naturel. Je voudrois feulement que les Abbeffes, & toutes celles qui font à la tête des maifons de Filles, je voudrois, dis-je, qu'elles ne fuffent point auffi rigides à punir les moindres foibleffes des malheureufes victimes qui gémiffent fous le poids de leur autorité. En les rendant moins malheureufes, elles trouveroient en elles des critiques moins féveres de leur conduite.

La Sœur Monique, par fon filence, m'étonna d'abord. Je voulus, pour entamer la converfation, lui faire quelques queftions : mais elle me dit qu'elle n'étoit point affez raffurée pour me répondre. En difant cela, elle me ferroit dans fes bras, & poussoit des soupirs où je crus m'appercevoir qu'elle craignoit encore plus le tonnerre que moi.

Je ne fus cependant pas long-tems fa dupe. Les différentes postures qu'elle me faisoit prendre, m'indiquerent bientôt que l'orage ne lui avoit servi que de prétexte pour venir me trouver. Nous passâmes enfin la nuit la plus délicieuse, & j'appris que les femmes peuvent se procurer entr'elles des plaisirs très-grands, san avoir à craindre mille dangers qui naissent du commerce des hommes.

Je détaillerois ces plaisirs, si je n'étois pas persuadée qu'ils font très-connus, & sur-tout parmi les femmes du premier rang : ce qui n'est point étonnant, car on n'a point à craindre, en se conduisant ainsi, d'être obligée d'élargir fa ceinture, & de donner de la jaloufie à qui que ce soit.

Je ne fais cependant si les hommes doivent être contens de voir régner un pareil goût, & s'ils ne devroient pas plutôt faire tous leurs efforts pour l'empêcher. Ils doivent s'appercevoir que les bonnes fortunes font devenues bien plus rares pour eux depuis cette épidémie parmi celles de mon fexe. Ne pourroit-on pas aussi leur reprocher d'y avoir un peu contribué, par leur indiscrétion à parler des faveurs qu'ils recevoient ? Qu'ils soient moins fanfarons & plus respectueux auprès des femmes, peut-être opéreront-ils ce miracle.

Il en est de ce goût passager, comme de toutes les modes qui s'introduisent dans ce pays-ci. Le François est en général trop inconstant pour que leur cours soit de longue durée.   G ij

Cette maladie, au reste, seroit plus difficile à guérir dans les Couvens : il y auroit même de la barbarie à le tenter. Aurois-je pû y demeurer six mois, si je n'avois passé presque toutes les nuits entre les bras de la Sœur Monique ? D'un lieu qui me paroissoit affreux, n'en a-t-elle pas fait un séjour charmant ? Peut-on donc douter que tout Couvent ne fût un enfer anticipé, si toute espece de plaisir en étoit banni ?

Après être demeurée six ans dans le Couvent, j'en fus retirée par Madame d'Inville, qui me rappella auprès d'elle. Combien je versai de larmes en me séparant de la Sœur Monique ? Il sembloit, au chagrin que j'éprouvois en la quittant, que je ne devois plus la revoir & que toute espece de bonheur étoit fini pour moi. Hélas ! je ne me trompois pas. Je coulois dans mon Couvent des jours doux & paisibles. Chaque nuit m'amenoit avec elle des plaisirs toujours renaissans. Tranquille sur le présent, sans inquiétude pour l'avenir, étoit-il un bonheur comparable au mien ? Quelles instances n'aurois-je pas fait auprès de ma marreine pour y passer toute ma vie, si j'avois pû prévoir tout ce qui m'est arrivé depuis que j'en suis sortie. Bien loin de faire ces réflexions, ce qui calmoit un peu le chagrin que j'éprouvois alors, c'étoit le desir de juger par moi-même du plaisir que peut procurer un homme. Mon amie m'avoit peint avec des couleurs si vives les momens agréables qu'elle avoit passés avec son cher Chapelain, que je portois envie à son bonheur. Je me promettois même de ne point rebuter le premier homme qui viendroit pour me faire sa cour.

Avec ces bonnes difpofitions, je revins chez ma marreine, où je ne pus refter que quelques jours. Comme elle étoit obligée d'aller prendre les eaux de Spa, pour certaine maladie qui oblige toujours les perfonnes prudentes d'aller chercher des remedes fort loin, je revins chez ma mere pafler les fix femaines que dura le voyage de Madame d'Inville. Je reçus force carrefles de mon pere, de Toinette, & fur-tout de mon frere Saturnin. Si j'ai connu la vie joyeufe que menoit ma mere avec les différentes perfonnes qui venoient à la maifon, c'eft à mon frere que j'en ai l'obligation. Il auroit bien defiré que je fiffe avec lui ce qu'il voyoit faire à Toinette avec fes amans : j'avoue que je ne l'aurois pas refufé fi je n'avois été retenue par la crainte de devenir grofle. Je favois avec quelle adrefle la Sœur Monique s'étoit retirée de cet embarras ; mais je n'avois pas comme elle un remede de Supérieure de Couvent.

Un jour cependant que Saturnin, pour échauffer mon imagination, m'avoit rendu témoin de ce qui fe paffoit entre le Pere Polycarpe & ma mere, je ne pouvois plus réfifter au feu qui me confumoit. Déjà étendue fur le lit de mon frere, je fentois fon vit faire des efforts violens pour pénétrer jufques dans la grotte du plaifir. Déjà il avoit rompu la premiere barriere qui s'oppofoit à fon paffage, & je commençois à goûter un plaifir auffi grand qu'inconnu pour moi, lorfque fon lit brifé des fecouffes qu'il lui donnoit, tomba avec bruit. Mon frere loin d'être effrayé de cette chûte, n'en piquoit que plus vigoureufement fa monture, nous approchions du fouverain bonheur, lorfque ma mere ouvrit la porte du cabinet, accompagnée du Pere Procureur, qui arracha mon amant de mes bras malgré les efforts qu'il faisoit pour y demeurer.

Toinette, apres avoir donné quelques paires de soufflets, étoit à peine sortie avec mon frere, que le Pere Polycarpe voulut achever la besogne que mon frere avoit commencée. Malgré que je fusse toute nue, je me défendois assez bien pour donner le tems à ma mere de venir & de me débarrasser des mains de ce vilain paillard que j'avois toujours détesté.

J'espérai d'être une autre fois plus heureuse, & de prendre si bien mes précautions, que nous ne serions point surpris.

L'occasion s'en présenta bien-tôt. Madame d'Inville ayant fait savoir son retour à ma mere, elle nous envoya mon frere & moi, lui faire compliment sur le rétablissement de sa santé. Mais j'eus assez de malheur pour que ma marreine devînt elle-même amoureuse de mon frere. Si j'avois bien fait, j'aurois consenti aux propositions qu'il me fit en revenant du château. J'eus la sottise de vouloir différer jusqu'au lendemain, que nous devions y retourner ; & pour n'avoir pas saisi l'heure du berger, je n'ai jamais pu depuis, terminer avec lui l'ouvrage que nous avions commencé, ainsi qu'on va le voir.

Le lendemain nous nous rendîmes de très-bonne heure au château, comme je devois y demeurer, qu'on m'y avoit destiné une chambre, j'espérois la faire servir ce jour là même à nos ébats. J'en avois même parlé à mon frere, qui avoit applaudi à mon dessein.

En arrivant, nous trouvâmes Madame d'Inville au lit, qui nous reçût avec beaucoup d'amitié. Les agaceries qu'elle faisoit à mon frere, les libertés qu'elle lui donnoit n'étoient pas trop de mon goût. Mais il falloit dévorer ce chagrin sans me plaindre. Jusqu'au moment du dîner, on ne pourra jamais s'imaginer tout ce que je souffris en voyant mon frere fourager à volonté tous les charmes de Madame d'Inville.

Après être sortis de table, quelle fut ma douleur, ou plutôt ma rage, quand je vis que ma marreine m'éloignoit à dessein d'être plus à son aise avec Saturnin. Je feignis d'exécuter l'ordre qu'elle m'avoit donnée ; mais je les suivis dans le jardin. Là, je fus témoin de tout ce qui se passa. Si j'en voulois à Madame d'Inville, je n'étois pas moins furieuse contre mon frere, l'ingrat ! dis-je en moi-même, me préfére une femme qui ne peut lui offrir que les restes du libertinage le plus consommé. J'avois beau me plaindre ; il fallut avaler la coupe d'amertume jusqu'à la lie ; il fallut le voir rentrer dans l'appartement de Madame d'Inville, où ils demeurerent deux grandes heures.

La nuit seule put faire trève aux combats qu'ils y livrerent. Je ferois demeurée vingt-quatre heures en sentinelle à la porte de l'appartement de Madame d'Inville, plutôt que de ne le pas voir sortir. A la fin, cependant, il parut à travers les ténebres.

Je l'entraînai dans ma chambre pour lui reprocher son infidélité. Saturnin se jetta à mes genoux, me fit des excuses qui me parurent sinceres, & me promit qu'il ne verroit jamais Madame d'Inville. Cette promesse diminua mon chagrin.

Déjà malgré son épuisement , il cherchoit en vain à sceller notre réconciliation , lorsque se sentant frapper par une main invisible il prit la fuite. A-t-il jamais existé un être plus malheureux que moi? Tout ne semble t-il pas concourir à me désespérer. Chez ma mere un maudit lit est cause qu'on nous surprend : ici quoi-que favorisée par les ténebres , un démon invisible est jaloux de notre bonheur.

La peur que je ressentis me fit perdre connoissance. L'Abbé Fillot qui étoit caché dans la ruelle de mon lit , à dessein de satisfaire pendant la nuit la passion qu'il avoit conçue pour moi , étoit le spectre qui avoit frappé Saturnin. Ce monstre eut la barbarie d'abuser de mon état pour se satisfaire. Dès que la connoissance me fut revenue , je n'aurois jamais imaginé accorder mes caresses à d'autre qu'à mon frere , & je me livrai toute entiere au plaisir qu'il me donnoit. Sortie de mon erreur , je voulus fuir & m'arracher de ses bras ; mais il me menaça de me perdre dans l'esprit de Madame d'Inville , si je refusois de répondre à ses carresses.

Il fallut donc céder & faire par force avec lui , ce que j'aurois fait par amour avec mon frere. Je ne tardai pas à m'en repentir ; bientôt je m'apperçus que les ceintures de mes juppons devenoient fort étroites. J'en fis confidence à l'Abbé Fillot , qui me promit de ne point m'abandonner.

Effectivement , vers le tems à peu près de mettre bas un fardeau qui me gênoit beaucoup , il me fit faire des habits d'Abbé avec lesquels je me déguisai , & je partis avec lui.

Le

+++++++++++++++++++++++++++++++++++++++

Le mouvement de la voiture avoit tellement avancé ma groſſeſſe, que je fus obligée de m'arrêter à quelques lieues de Paris, pour y faire mes couches. L'Abbé Fillot ne tarda pas à me faire voir que c'étoit moins par ménagement pour ma réputation, que pour ne point exciter la jalouſie de Madame d'Inville, qu'il avoit conſenti à ſe charger de moi ; car je fus à peine deſcendue dans une Auberge, que cet infâme ſcélérat m'abandonna.

Une Dame de l'endroit eut pitié de mon état, & m'amena à l'Hôtel-Dieu de Paris. J'étois à peine rétablie qu'on m'ordonna de ſortir. Ainſi on ſe doute bien que ſans argent, je dûs être fort malheureuſe ; ou pour mieux dire je ne ſavois de quel côté donner de la tête.

Quoiqu'encore très-foible, je fis ce jour-là preſque tous les quartiers de Paris, ſans ſavoir où j'allois. A la fin, épuiſée par la fatigue & le beſoin, je m'arrêtai à la porte d'un marchand de vin.. Réfléchiſſant alors ſur mon malheur, mes larmes coulerent abondamment. Le garçon marchand de vin qui étoit ſur le ſeuil de ſa porte, s'approcha de moi, & me dit avec un ton poli : pourrois-je, Mademoiſelle, vous demander ſans indiſcrétion le ſujet de vos pleurs ? Ah ! Monſieur, m'écriai-je, je ne crois pas qu'il exiſte dans la nature une fille plus à plaindre que moi. J'ai été amenée dans ce pays-ci, par un monſtre qui m'a abandonnée. Je ſors aujourd'hui de l'Hôtel-Dieu : je n'ai pas un ſol, & pour comble de malheur je ne connois perſonne dans cette Ville.

Mon air de franchiſe, ma jeuneſſe & quelque peu de beauté, l'intéreſſerent en ma faveur. Il me pria

H

d'entrer dans fon cabaret , & me fervit auffi-tôt une demi-bouteille du meilleur vin qu'il avoit dans fa cave. Il fit apporter de chez un Traiteur , un très-bon pota- ge , & me pria avec tant d'honnêteté de manger, qu'à la fin je cédai à fes inftances. Après que j'eus pris quelque nourriture , je ne puis pas , me dit-il , vous loger ici ; cet endroit n'eft que ce que nous appellons à Paris une cave en Ville , dont je fuis chargé de vendre le vin ; mais je vous indiquerai une auberge & je payerai ce qu'il en coûtera. Après que j'eus mangé ma foupe & bu quel- ques verres de vin , s'appercevant que j'étois très-fati- guée , il me confeilla de me retirer , & me donna une lettre pour l'hôte , auquel il me faifoit paffer pour fa parente. Il me recommanda fi bien , qu'on eut toutes fortes d'égards pour moi.

Tous les jours je venois rendre vifite à mon bien- faiteur : chaque fois j'éprouvois de nouvelles marques de bontés. Je trouvois tant d'honnêteté dans fes pro- cédés que j'en devins amoureufe.

Depuis plufieurs jours il me follicitoit de répondre à fon amour , qu'il me peignit dans des termes fi fin- ceres que je n'attendois que le moment d'être preffée plus vivement pour le fatisfaire. Enfin ce moment heu- reux arriva.

Un foir que j'étois fur le point de me retirer , il m'engagea de defcendre à la cave avec lui. Je me dou- tois qu'il avoit d'autre envie que de me faire exami- miner l'ordre qui y régnoit. Comme nos cœurs étoient d'accord , j'y defcendis volontiers , malgré que je me doutaffe bien de fon intention. Aux careffes qu'il

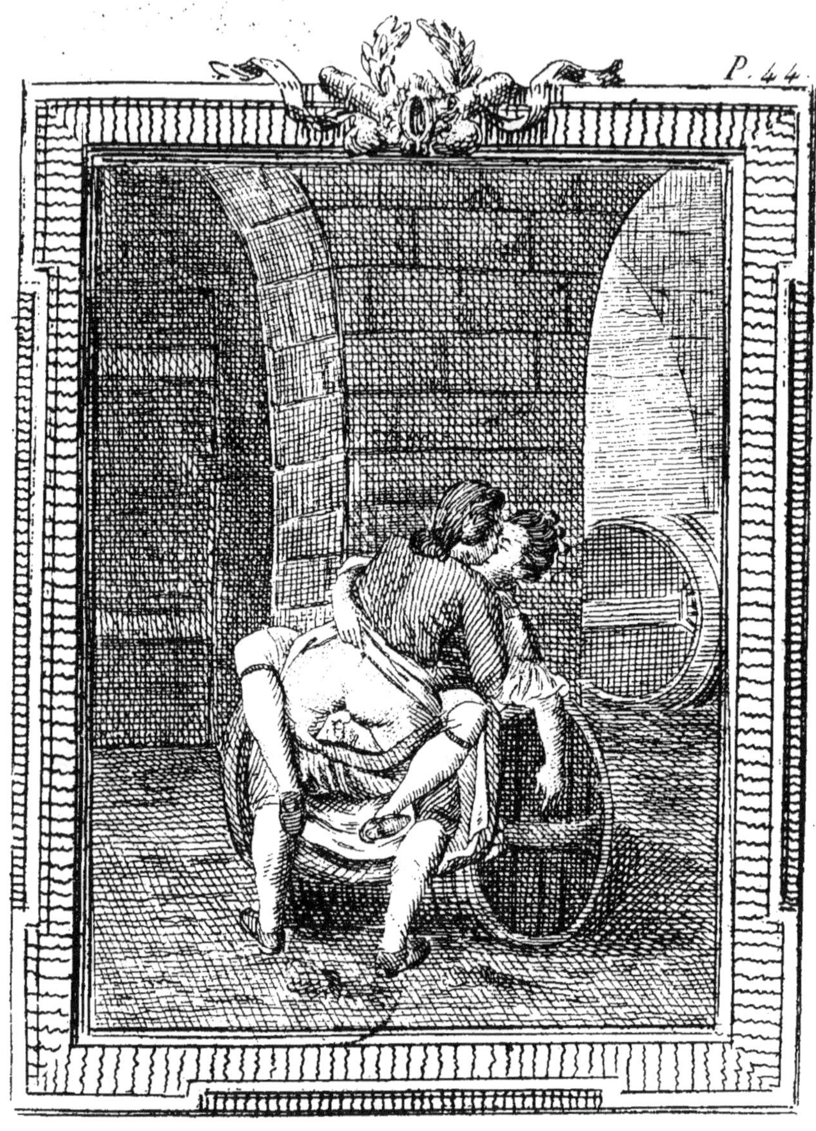

me fit dès que j'y fus , je jugeai aifément où il en vouloit venir ; mais je feignis de ne pas m'en appercevoir. L'endroit n'étoit pas commode pour exécuter fon deffein , mais le befoin fournit des moyens.

Il commença par mettre la main dans ma gorge qu'il dévoroit par fes baifers. Une autre main paffée dans la fente de mon juppon fourageoit d'autres appas ; mais tout cela n'étoit qu'un prélude de ce qu'il vouloit faire. Je faifois quelques difficultés pour la forme feulement : car j'en avois , pour le moins , autant d'envie que lui. Je me plaignois des libertés qu'il prenoit; mais il fembloit que tout ce que je faifois pour me défendre ne fervoit qu'à le rendre plus ardent. A la fin nous trouvant tous deux auprès d'un tonneau , il me prit dans fes bras , & me plaça deffus. Enfuite fe mettant entre mes cuiffes , il me fit un bavolet de ma chemife , auffi-tôt il fortit de fa culotte un vit propre à faire plaifir à la femme la moins amoureufe , & me l'enfonça dans le con jufqu'à la garde. Quoique l'endroit fût encore fenfible , je ne tardai pas à fentir les approches du plaifir. Mon cher Nicolas (c'étoit le nom du garçon) pouffoit avec tant de vigueur , que fi je n'avois eu le dos appuyé contre la muraille , je n'aurois jamais pû foutenir les fecouffes qu'il me donnoit. Il me tenoit les jambes fous fes bras , de façon que m'attirant à lui dans le tems qu'il me donnoit un coup de cul , il n'y avoit pas deux lignes de fon vit qui n'entraffent dans mon con.

Après trois amples décharges fans déconner , & toujours dans la même pofture , nous quittâmes la partie , très-satisfaits l'un de l'autre ; & nous nous promîmes de recommencer le lendemain.

Cette vie agréable auroit duré plus long-tems , si le marchand de vin , sur des rapports qui lui avoient été faits , n'eût menacé Nicolas de le mettre à la porte s'il ne me quittoit pas Cet honnête garçon qui m'aimoit autant que je l'aimois , ne put me conter cette nouvelle accablante pour tous deux , sans verser un torrent de larmes. Son chagrin étoit si grand & me paroissoit si sincere , que toute inconsolable que j'étois , je fus obligée de chercher à le consoler. Qu'allez-vous devenir , me disoit-il , si je suis forcé de vous quitter ? Je retournerai , lui dis-je , dans ma famille , & je vous assure que vos bienfaits ne sortiront jamais de ma mémoire.

Comme mon amant s'attendoit que nous serions forcés de nous séparer , il avoit pris sur lui tout l'argent qu'il possédoit & me l'offrit avec beaucoup de générosité. Je fis des difficultés pour l'accepter , & je n'en voulus prendre que quatre louis , qui me parurent une somme suffisante pour faire ma route. Je retins ce jour-là même ma place au coche , & je partis le surlendemain.

Les personnes qui étoient dans la voiture publique étoient d'état bien différens. Il y avoit des Moines , des Abbés , & des Officiers , & j'étois seule de femme. Sur la route on agita différentes questions. Tous les sujets étoiens traités très-superficiellement , comme c'est la coutume. Les Officiers parloient de leur état , les Abbés de leurs bonnes fortunes : les Moines pendant

+++

tout ce tems-là ne tiroient point leur poudre aux moineaux , & s'occupoient à me faire leur cour.

Il y avoit entr'autres un Cordelier qui pouſſoit ſa pointe vivement auprès de moi. A la dînée il me fit des propoſitions très-avantageuſes. Il me dit qu'il me donneroit de l'argent pour louer une petite maiſon dans un village voiſin du Couvent , où il alloit ſe fixer & qu'il m'entretiendroit ſi bien , que je n'aurois qu'à me louer de ſa généroſité , & qu'il feroit ma fortune. L'envie d'être ma maîtreſſe ; la crainte que j'avois d'être renvoyée de chez ma marreine , après une abſence qui avoit dû faire beaucoup de ſcandale , me firent goûter cette propoſition.

Après être convenus qu'il me feroit cent louis de rente , ſans les petits préſens qu'il me promettoit, il fut décidé que les arrhes ſe donneroient à la premiere couchée.

Nous eûmes ſoin de choiſir deux chambres qui fuſſent auprès l'une de l'autre dans l'hôtellerie où nous nous arrêtâmes. Il étoit environ une heure du matin , lorſque j'entendis mon Cordelier donner le ſignal dont nous étions convenus. J'ouvris ma porte avec le moins de bruit qu'il me fut poſſible , & auſſi-tôt il entra. Il avoit apporté avec lui une bonne bouteille de vin de Champagne que nous eûmes bien-tôt ſablée. Tout en buvant il ôta le mouchoir qui me couvroit la gorge & me délaſſa. Il s'extaſia à la vue de mes tetons , qui étoient à la vérité très-ronds & très-fermes & blancs comme l'albâtre. Enſuite mes vêtemens lui paroiſſant incommodes , il me ſervit lui même de femme de chambre. Il me pa-

rut qu'il étoit vraiment Moine , & que ce n'étoit pas
fon coup d'eſſai. Il ne voulut pas même laiſſer ma chemiſe , que n'ai repriſe que lorſqu'il eut amplement exa-
miné tout ce qu'il vouloit voir.

Dès que je fus toute nue , il me fit placer ſur mon
lit , tantôt ſur le dos , tantôt ſur le ventre. Pour lui
une chandelle à la main , il examinoit toutes les parties de mon corps. A chaque endroit il faiſoit une ſta-
tion beaucoup plus agréable pour lui , que n'auroient
été celles du *Jubilé*. Il appliquoit par-tout des baiſers
ardens.

Enfin après avoir tout vu & revu , après avoir fait
à chaque partie de mon corps un éloge particulier , le
marché fut conclu ſur mon lit , à pluſieurs repriſes , avec
une entiere ſatisfaction de part & d'autre.

Comme il falloit ſe lever de grand matin , le Moine
ſe retira dans ſa chambre ; quant à moi , je ne tardai pas à m'endormir. Le lendemain nous laiſſâmes le
coche au bout de deux lieues , étant obligés de quitter
la grande route pour aller dans le Village où je devois
me fixer. Nos compagnons de voyage , à qui j'avois com-
muniqué où j'allois , furent bien étonnés de me voir
deſcendre avec le Moine. Ils parurent interdits , en me
voyant prendre la même route que lui. Un Officier , ne
pouvant retenir la démangeaiſon qu'il avoit de parler ,
dit à voix haute: mon Révérend , vous ne nous aviez
pas prévenus que vous vouliez enrôler cette belle enfant pour votre Couvent. Si vous n'étiez pas Moine ,
je vous demanderois raiſon de l'inſulte que vous me
faites à moi & à tous mes compagnons de voyage. Le

++

Cordelier cherchoit plutôt à s'éloigner, qu'à répondre à tous les brocards qu'on lui lâchoit : les autres Moines ne disoient rien, mais paroissoient enrager de m'avoir couché en joue, & de me voir tirée par un autre. Pour moi, je ne fis mes adieux à toute la compagnie que par une profonde révérence.

Tout en gagnant le Village, mon Moine me dit qu'il alloit me conduire chez une de ses pénitentes, & qu'il la prieroit de me loger jusqu'à ce que j'eusse meublé une maison. Il me pria d'afficher beaucoup de vertus vis-à-vis de cette femme, afin de sauver les apparences.

Dès que nous fûmes arrivés, le Cordelier lui dit qu'ayant eu occasion de me voir fréquemment à Paris dans une maison où il alloit, il avoit appris l'envie que j'avois depuis que j'étois veuve, d'aller vivre à la campagne pour rétablir ma santé ; qu'il m'avoit conseillé de choisir, de préférence, les environs de son Couvent, tant pour l'air, que pour les promenades qui étoient charmantes : ce qui étoit effectivement vrai : & qu'il avoit enfin déterminé mon choix. Cette Dame me reçut avec beaucoup de politesse, & je demeurai chez elle les huit jours qui furent employés à mettre en état la maison que je devois occuper.

Mon Cordelier, pendant tout ce tems, ne passoit presque point de jours sans venir me voir. Comme ses visites chez cette Dame étoient presque aussi fréquentes avant que je demeurasse avec elle, cela ne parut point suspect ; & d'ailleurs nous nous conduisîmes de part & d'autre avec beaucoup de prudence & de circonspection.

Comme j'étois un peu instruite sur la Religion, c'é-
toit toujours la conversation que j'amenois quand j'é-
tois avec cette Dame. Ainsi, sans afficher une très-grande dévotion, je passai bientôt dans son esprit pour une
femme très-pieuse. Ce qui lui faisoit plaisir, dit-elle un
jour au Cordelier, c'étoit de voir que ma piété ne di
minuoit pas la gaieté de mon caractere. Je jouois si
bien le rôle de Tartuffe, que jusqu'au moment de la
scène qui m'arriva dans l'orgue du Couvent, la péni-
tente de mon amant ne parloit de moi qu'en faisant
mon éloge.

Dès que toutes les réparations nécessaires furent faites dans ma petite maison, j'en allai prendre posses-
sion avec cette Dame, que j'invitai ce jour là à dîner,
ainsi que mon Moine. Il ne mangeoit jamais chez moi,
que Madame Marcelle, (c'étoit le nom de cette femme)
ne fût de la partie. Elle admiroit elle-même avec quelle
adresse je savois accorder mes plaisirs avec ma réputation. Mon amant ne cessoit de me répéter qu'il étoit
toujours étonné qu'on fût capable d'autant de prudence à mon âge. La Dame Marcelle étoit donc la dupe
de la fausse piété de son Confesseur & de mon hyppo-
crisie, ou plutôt elle étoit notre maquerelle, sans en
avoir le moindre soupçon.

Je demeurai six ans dans ce Village avec l'estime de
tous les honnêtes gens. Il ne s'y donnoit pas de grands
repas que je n'y fusse admise ; tout le monde se dispu-
toit ma connoissance. Les maris me citoient à leurs
femmes, comme un exemple de vertus, & les meres à
leurs filles.

Il tarde fûrement au lecteur de favoir comment nous pouvions, le Cordelier & moi, nous voir en particulier, fans qu'on s'apperçût de notre intrigue. Il fe doute bien que tout ce que je faifois, n'étoit que pour donner à une conduite des plus déréglées un vernis de fageffe, mais la reconnoiffance ne me prefcrivoit-elle pas auffi de ménager la réputation de mon amant. D'ailleurs aurois-je pu le garder huit jours, fi j'en avois agi différemment ?

Pour ne point ennuyer ceux qui liront mes Mémoires, ne différons pas plus long-tems de fatisfaire leur curiofité. Voici comment nous nous conduifions.

Le Pere Hercule (c'étoit le nom du Cordelier) étoit le premier Moine du Couvent. On fent bien qu'en cette qualité il jouiffoit d'une plus grande liberté que les autres Moines. Comme lui-même avoit choifi la maifon que j'habitois, il avoit donné la préférence à une dont le jardin donnoit fur la campagne : une porte de fortie à l'extrémité du jardin , & dont il avoit la clef, favorifoit fes vifites nocturnes. Dès que tous les Moines étoient retirés dans leurs cellules, le Pere Hercule fortoit de fon Couvent, entroit par la porte du jardin, & venoit me trouver dans mon lit. Ainfi nous paffions toutes les nuits enfemble, fi l'on en excepte quelques-unes qu'il jugeoit néceffaires pour rétablir fon tempérament. Le lendemain il me quittoit de très-grand matin & retournoit dans fon Couvent, fans que perfonne s'apperçût de la nuit délicieufe qu'il avoit paffée. Dieu fait combien nous nous en donnions !

Je variois tellement les plaifirs de mon Moine, je le

provoquois de tant de façons de répondre à la force
de mon tempérament, qu'à la fin je le réduifis à un
état d'impuiffance. Auffi laffée de trouver toujours dans
fes jambes un vit plus flafque & plus mou qu'un linge
mouillé, que rebutée de le patiner inutilement, & fans
pouvoir lui faire reprendre fon ancienne vigueur, je
formai la réfolution de lui nommer un aide de camp.
Je fus donc moi-même la caufe de tous les malheurs
que j'ai effuyés dans la fuite, & j'ai payé bien cher le
refte de ma vie, & mon ingratitude & l'imprudence
de mon nouvel amant.

Mon choix ne fut pas long à faire. J'avois remarqué
en allant entendre la meffe au Couvent, que l'Organifte ne paffoit jamais devant moi, qu'il ne me regar-
dât avec des yeux qui me peignoient la paffion qu'il
avoit pour moi. C'étoit un luron de bonne mine, qui
me paroiffoit très-propre à contenter une femme qui
avoit autant de penchant à la fouterie que moi. La difficulté étoit de trouver un prétexte honnête pour l'attirer chez moi : mais une femme amoureufe manque-
t-elle de moyens pour fatisfaire fa paffion ? Voici, cher
lecteur, celui que je pris. Je vous laiffe à décider s'il
étoit adroit.

Un jour que je donnois à dîner à Madame Marcelle
& au Révérend Pere Hercule, je fis tomber la converfation fur la vie que l'on menoit à la campagne. Je
finis par dire qu'il falloit y avoir une occupation quel-
conque pour ne point s'y ennuyer, fur-tout dans l'hyver, où toute promenade étoit interdite : que quant à
moi, je ne pouvois m'imaginer comment une femme

pouvoit paſſer toute l'année à faire du filet ou des nœuds ; que ce travail n'occupoit que les doigts & laiſſoit l'eſprit dans une inaction inſupportable. Pour moi , dis-je , j'aime celles de mon ſexe que je vois occupées , ſoit à deſſiner ou à peindre , ſoit à faire de la muſique.

Aimeriez-vous la muſique , me dit le Pere Hercule ? Oui , mon Révérend , & même avec paſſion. J'ai toujours deſiré de l'apprendre , mais mes affaires m'ont empêché juſqu'à ce jour de m'y livrer. Madame Marcelle dit qu'elle regardoit cet art comme très - innocent , qu'elle me propoſeroit même de l'étudier avec moi , ſi ſon âge ne lui faiſoit regarder cette entrepriſe comme une folie de ſa part ; qu'il n'en étoit pas de même de moi , & que je devois me ſatisfaire.

Mon amant qui étoit bien aiſe de trouver une occaſion de me faire plaiſir , prit auſſi-tôt la parole & me dit qu'il m'enverroit l'Organiſte de ſon Couvent : qu'il étoit très-bon muſicien , qu'il jouoit ſupérieurement du *Piano forte ;* qu'il s'étoit même retiré à la campagne à deſſein de donner plus de tems à l'étude de ſon Art.

On imagine aiſément combien cette propoſition me fut agréable. Ce qui me réjouiſſoit le plus , c'étoit de voir que mes deux convives étoient amplement mes dupes , & que mon amant me fourniſſoit lui-même les moyens de le faire cocu ſans qu'il s'en apperçût.

Le lendemain je vis entrer mon Organiſte , qui venoit de la part du Pere Hercule. Nous ne diſputâmes pas long-tems , comme on peut le croire aiſément , ſur le prix que je devois lui donner pour ſes leçons.

Les huit premieres leçons se passerent avec un air si froid de ma part, que j'aurois pu déconcerter toute autre personne qu'un Muficien. Aussi mon indifférence, loin de le rebuter, ne servit qu'à le rendre plus entreprenant ; en un mot il me déclara sa passion, & me fit voir qu'il vouloit me donner d'autres leçons que de musique.

Quand deux personnes ont tous deux le même desir, elles ne tardent pas à le satisfaire. Nous ne différâmes qu'autant de tems qu'il en falloit pour qu'on ne nous surprît pas. Il fut convenu qu'il se rendroit le soir dans ma chambre. J'étois bien sûre que mon Moine, que je n'avois pu faire bander la nuit précédente, ne seroit pas assez hardi pour se présenter de nouveau au combat. A tout hasard, & de crainte de surprise de sa part, j'eus soin de fermer au verrouil la porte du jardin, & je fus bien persuadée, après cette sage précaution, que je n'avois plus rien à craindre. Le jeûne austere que mon Moine avoit été contraint de me faire observer depuis long-tems, me faisoit soupirer après le moment où l'Organiste devoit arriver. Que le tems s'écoule lentement quand on attend! Si je n'avois pas toujours eu les yeux fixés sur ma montre, j'aurois imaginé que j'étois jouée & qu'on m'avoit manqué de parole ; mais je me trompois. L'attente avoit été aussi crueile pour mon amant que pour moi. Il me dit en entrant dans ma chambre, que les gens qui prétendent que le tems s'écoule rapidement devroient, pour en connoître bien la durée, avoir toujours quelque rendez-vous amoureux ; & qu'il répondoit qu'ils tiendroient un langage bien différent.

Après les embrassemens ordinaires en pareille visite, comme nous n'avions pas plus de tems qu'il nous en falloit pour ce que nous proposions de faire, & que notre intention étoit de le bien employer, nous nous mîmes au lit.... Mon amant courut dans deux ou trois heures huit grandes postes, quatre sans lâcher bride, & les quatre autres après des repos très-courts. On juge aisément que je n'ai pas trouvé dans ma vie beaucoup d'athletes aussi vigoureux dans les combats. Je suis même persuadée que s'il n'avoit pas été obligé de se retirer de très-grand matin, & qu'il eût pu se rendre de meilleure heure chez moi, il auroit completté très-facilement la douzaine. J'en jugeai du moins ainsi, en ce qu'il ne me parut point du tout fatigué : il me sollicitoit même de recommencer ; mais sentant que le jour approchoit, craignant d'ailleurs de le réduire à l'état du Pere Hercule, si je ne le ménageois pas davantage, je refusai de me prêter à ses desirs. Je l'engageai même à se retirer, & je ne tardai à être obéie qu'autant de tems qu'il lui en falloit pour s'habiller.

Il étoit à peine sorti que je m'endormis. J'avois, à la vérité, besoin de repos. J'avoue qu'étant accoutumée depuis long-tems à un très-petit ordinaire, j'étois très-fatiguée du traitement magnifique que j'avois reçu. Pendant mon sommeil, j'eus les songes les plus agréables que j'aie jamais fait de ma vie. Il me sembloit même que j'étois encore entre les bras de mon cher Organiste, qu'il me dardoit sa langue dans la bouche, pendant que son vit faisoit plus bas son devoir. Je remuois la charniere avec une rapidité inconcevable. J'étois même prête à décharger, quand Madame Marcelle entra dans ma chambre avec bruit & me réveilla.

Il faudroit avoir été dans l'état agréable où je me trouvois, avoir éprouvé le plaisir que je ressentois, pour pouvoir juger du dépit & de l'humeur que me donna cette visite inattendue. Je me contraignis cependant assez bien pour voiler une partie de ma colere. Un instant après parut mon Cordelier, qui dit avoir été rendre visite à Madame Marcelle, & que ne l'ayant pas trouvée chez elle, il avoit présumé qu'elle étoit venue me voir. Je les priai l'un & l'autre de passer dans une autre chambre pendant que je m'habillerois.

Madame Marcelle resta tout au plus une heure, & laissa avec moi le Cordelier. Il ne se vit pas plutôt seul, qu'il m'avoua que son cher vit lui ayant donné en se levant des preuves d'existence, il s'étoit hâté de m'apprendre cette nouvelle, espérant qu'elle me feroit plaisir. Il me pressa même de mettre à profit ce moment de vigueur. Comme je n'ai presque jamais su me faire prier en pareille occasion, je consentis d'en faire sur le champ l'expérience.

Après avoir patiné mes fesses, mes tetons & mon con, il fit des efforts incroyables pour exécuter la belle promesse qu'il m'avoit faite ; mais ce fut toujours inutilement. J'avois beau le seconder de mon mieux : tout ce que nous faisions l'un & l'autre ne fit que nous fatiguer, sans nous procurer une idée du plaisir. Voyant qu'à la fin son vit perdoit entiérement le peu de fermeté qu'il avoit, je l'engageai à ne pas tenter l'impossible. Je lui conseillai même de se reposer pendant huit ou quinze

jours , & que j'efpérois que ce tems fuffiroit pour réparer fes forces épuifées.

Auriez-vous , cher Lecteur , la bonne foi de croire
que Suzon , qui ne refpiroit que la fouterie , fe feroit
condamnée à un jeûne auffi long , fi elle n'eût pas été
très-fûre de gagner à l'abfence du Moine ? Non , cer-
tainement. J'aurois mieux aimé , je crois , faire crever
mon débile fouteur , plutôt que de confentir à être
dévorée par le feu ardent d'une paffion que je n'aurois
pas pû fatisfaire. Le confeil donc que je lui donnai
étoit médité. L'occafion de m'en fervir s'étoit préfen-
tée , & je me gardai bien de la laiffer échapper.

Sûre que mon Moine ne me rendroit point de vifites qu'il ne fût en état de paroître devant moi fans
rougir , je reçus toutes les nuits mon maître de Mufique. Il falloit que cet homme eût , non pas le Diable
dans le corps ; mais une tonne de foutre , pour réfifter
à la vie que nous menâmes. Je lui trouvois chaque jour
plus de vigueur. Chaque jour amenoit de nouveaux plaifirs :
je n'ai jamais connu un homme plus ingenieux à les varier.

Si je voulois raconter les différentes poftures qu'il me
fit prendre , celles qu'il prit lui-même , j'aurois de quoi
faire un volume très-gros. Je dis plus , ceux qui con-
noiffent les poftures de l'Arétin n'ont qu'une foible idée
de tout ce que nous fîmes. Je ne veux pas cependant
quitter cet endroit de ma vie , fans en citer une feule : je
me contenterai d'en rapporter deux. J'efpere qu'elle fuffi-
ront pour donner au Lecteur une idée de leur fingularité.

Une fois après avoir fait ufage de cent façons différentes , je croyois toutes les reffources de fon imagina-

tion épuisées , mais bien-tôt je lui vis attacher au plancher les deux bouts d'une corde , dont il fit une escarpolet-te. Il avoit eu soin de faire descendre la corde à la hauteur de sa ceinture. Comme je trouvois beaucoup de plaisir à toutes ses folies , je m'y prêtois toujours sans contrainte. Celle-ci me parut d'un genre si nou-veau , que je le regardois faire fort attentivement , & j'a-voue de bonne foi que je ne pouvois pas deviner son dessein. Quand tout fut achevé , il me plaça sur l'es-carpolette , m'enjoignit de tenir les genoux élevés , d'é-carter les cuisses le plus que je pourrois , & d'avoir bien soin de présenter toujours le con en avant. Dès que je bien fus instruite de tout ce que je devois faire , mon amant donna le branle à l'escarpolette & se tint à quelque distance , le vit en arrêt ; il avoit si bien pris ses mesures que lorsque l'escarpolette fut en mou-vement , il ne manqua pas de mettre dans le noir. Donnant un coup de cul chaque fois , son vit touchoit les levres de mon con ; il le faisoit entrer très-avant & rendoit le mouvement de l'escarpolette plus actif. De façon que plus le plaisir approchoit , plus les secous-ses propres à l'accélérer , étoient répétées. Quand il se vit près de décharger , pour ne point perdre cette pré-cieuse liqueur , au lieu de me repousser comme il avoit fait jusqu'alors , il me prit les jambes sous ses bras & m'appuyant fortement avec ses deux mains le cul con-tre son ventre , il m'inonda d'un déluge de foutre. Cet-te façon m'a toujours beaucoup plû , & je l'ai très-souvent répétée dans ma vie , non-seulement avec lui, mais même avec les differens amans que j'ai eus. La

derniere

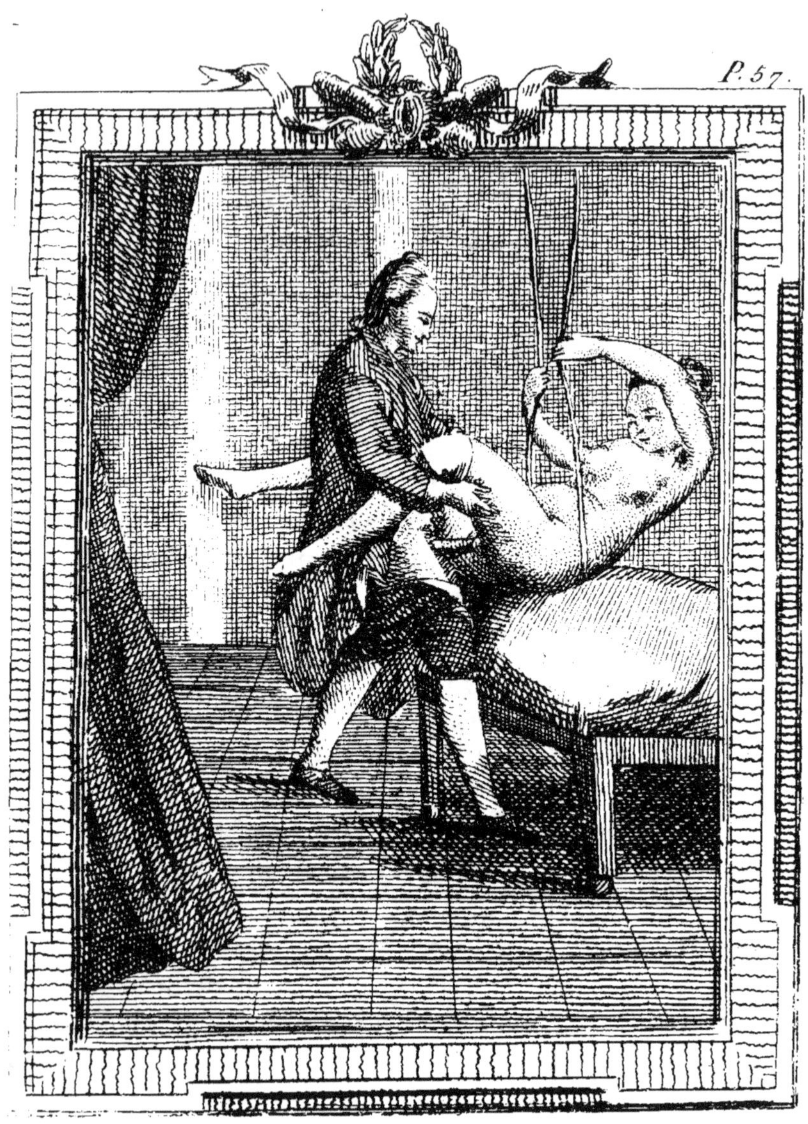

derniere invention de mon cher maître me coûta bien cher & fut caufe de la perte de mon bonheur , ainfi qu'on va le voir.

Quand mon Cordelier fut entierement rétabli , comme fes vifites recommençoient , je ne pouvois me trouver feule avec mon cher maître qu'à la dérobée. Je leur partageois mes faveurs avec tant de prudence qu'ils ne me foupçonnoient ni l'un ni l'autre d'infidélité. A la fin cependant le mafque qui couvroit mon hypocrifie tomba , & je ne tardai point à être connue pour ce que j'étois.

Mon maître de Mufique m'envoyoit fon commis pour me donner leçon , lorfque fes affaires ne lui permettoient pas de venir lui même. Ce jeune homme , quoique bien moins favant que fon maître , en favoit affez pour moi. Les complaifances qu'il avoit pendant les leçons , fon air doux & honnête me plaifoit beaucoup. J'aurois bien défiré qu'il me fit quelques avances ; mais ce jeune homme étoit toujours très-froid. Ennuyée à la fin de le voir toujours demeurer dans les bornes du refpect à mon égard , je lui fis quelques agaceries qu'il comprit mieux que je ne devois m'y attendre , & l'affaire fe termina ; quoique ce fût avec moi qu'il chantât fa premiere meffe , il ne me parut pas novice , & je jugeai dès ce moment qu'il méritoit un jour l'applaudiffement de toutes les femmes qui fauroient apprécier fon mérite. Cette nouvelle intrigue ne put demeurer long-tems cachée à mon maître de Mufique , qui médita dès-lors une vengeance conforme à fon caractere.

K

Tous les Dimanches, je me rendois au Couvent des Cordeliers pour entendre jouer mon maître de Mufique. Je me plaçois ordinairement à côté de lui : c'étoit là que nous convenions des jours où nous nous verrions dans la femaine. Ce fut auffi le lieu qu'il choifit pour fe venger.

Il avoit ordonné à fon Commis de ne fe rendre à l'Eglife, que lorfque l'Office feroit commencé, & il lui avoit fait promettre, fous peine de le chaffer de chez lui, qu'il exécuteroit tout ce qu'il lui prefcriroit.

Le fils d'un homme du Village qui venoit tous les Dimanches faire aller les fouflets de l'orgue, avoit auffi un perfonnage à remplir, & il l'avoit chargé d'apporter avec lui un petit foufflet.

Dès que mon maître m'apperçut, il me fit force careffes, comme à fon ordinaire. Enfuite il voulut prendre quelques libertés ; mais je m'y oppofai, fous prétexte que l'endroit n'étoit pas fûr, & qu'il pourroit venir quelqu'un, vous n'avez rien à craindre, me dit-il : mon Commis, qui eft la feule perfonne qui pourroit venir, eft parti ce matin pour aller voir fon pere qui demeure à quatre lieues d'ici, & ne reviendra que ce foir.

Raffurée par tout ce qu'il me dit, je lui laiffai faire tout ce qu'il voulut. D'abord une chaife penchée contre la muraille, nous tint lieu du lit le plus commode. Et je protefte que l'affaire ne s'en fit pas moins bien. Ceci étoit à peine une foible efquiffe de ce que mon amant fe promettoit de faire ; il me dit de me mettre à genoux : d'incliner le corps jufqu'à terre, & de m'ap-

puyer fur les deux mains. Ainfi placée , il me baifa ce qu'on appelle en levrette. Tout en me befognant il allongeoit fes mains par deffus mon dos , fur le clavier de l'orgue , & jouoit dans les tems néceffaires. Comme il faifoit deux affaires à la fois , je ne fçais dans laquelle il réuffiffoit le mieux. Tout ce que je puis dire , c'eft que j'étois fort contente du mouvement de la mefure ; & fi dans les pieces qu'il joua , il fit quelque faux ton , je ne m'en apperçus point.

Lorfqu'après une abondante effufion de liqueur de part & d'autré , je voulois me relever , je fentis qu'il grimpoit fur mon dos. Il fallut malgré moi céder au poids de fon corps. Il étoit à peine ainfi placé que le Commis entra. Son arrivée parut d'abord le déconcerter , il ne fut cependant pas long-tems à fe remettre ; tu feras fûrement étonné , lui dit-il , des libertés que je prends avec ta maîtreffe ; mais apprends , mon ami , qu'elle étoit à moi avant de t'appartenir. Tiens , crois moi , prends ton parti auffi gaiment que je l'ai pris quand je t'ai foupçonné avec quelque fondement d'être mon rival. Voilà Madame dans une pofture propre à donner du plaifir. Deux trous très-appétiffans , femblent être deux rivaux qui fe difputent la préférence : choifis celui que tu voudras ; peu m'importe. Pourvu que tu me branles pour m'amufer pendant que je fuivrai l'Office , je ferai content. Le jeune homme ne fe fit pas prier & m'encula. Je fis un cri qui auroit été entendu de toutes les perfonnes qui étoient dans l'Eglife s'il ne fe fût confondu avec toutes les voix qui chantoient les louanges de Dieu.

†+†

J'avois confervé jufqu'alors mon fecond pucelage.
J'ignorois même le plaifir que les hommes trouvoient
à cette jouiffance. Pendant que nous étions tous trois
fort occupés, l'enfant entra ainfi qu'il lui avoit été
ordonné. A la vue du fpectacle qu'il avoit devant les
yeux, il alloit fe retirer quand mon maître de Mufique l'appella : mets, lui dit-il, le bout du foufflet
que tu tiens à ta main dans le cul de ce bougre-là,
& fouffle de toutes tes forces. Comme il commence
à perdre haleine, je veux que tu le ranimes par ce
moyen-là. L'enfant à cet ordre ridicule, partit d'un
éclat de rire, & n'en exécuta pas moins ce qui lui
avoit été ordonné. Le groupe que nous formions étoit
fi fingulier, la fcène devint à la fin fi comique, que
l'Organifte, malgré fon grand flegme, perdit tout fon
férieux, & oublia tout ce qui fe paffoit au Chœur. On
avoit beau fonner pour l'avertir qu'il devoit jouer ;
il n'entendoit rien, & il interrompit tellement l'Office, qu'un Moine fe détacha pour l'avertir que la
Meffe étoit fufpendue par rapport à lui.

A t-il jamais été furprife femblable à celle de ce Révérend, en voyant ce qui fe paffoit dans l'Orgue ! Le
bruit qu'il fit en entrant, nous fit à tous quatre tourner la tête du côté de la porte. Jamais auffi, furprife
ne fut égale à la nôtre ou plutôt nous étions tous quatre pétrifiés.

Le Moine, élevant la voix, nous reprocha dans les
termes les plus durs, l'action infâme que nous venions
de commettre. Je ne fuis plus étonné, dit-il, en adref-
fant la parole à mon maître de Mufique, de ce que

l'Orgue m'a paru fi fourd aujourd'hui. Vous deviez au moins attendre que l'Office fût fini , pour faire l'expérience de votre nouveau foufflet. Je vous fomme de vous trouver au Chapitre que je ferai affembler après la Meffe , pour y rendre compte des horreurs que vous venez de commettre.

Pendant tout ce difcours , le petit payfan étoit décampé. Le Commis n'avoit pas tardé à en faire de même. Je me difpofois pour éviter toute apoftrophe injurieufe, de fuivre leur exemple , quand le Cordelier m'arrêta , me chargea d'injures outrageantes & me menaça de me faire chaffer de leur Eglife , fi jamais j'étois affez hardie pour ofer y reparoître. Confufe & n'ayant point un mot à dire pour ma défenfe , je me retirai chez moi , d'où je ne fortis que pour quitter le Village.

La nuit fuivante le Pere Hercule vint chez moi , m'accabla d'injures , me reprocha mon infidélité & mon ingratitude à fon égard , & m'ordonna de quitter promptement le Village. Il m'apprit que mon action avoit fait un fcandale affreux ; que chacun crioit à l'impiété & demandoit qu'il fût fait un exemple ; que le Chapitre avoit opiné qu'il falloit me dénoncer à la Juftice , comme profanatrice des lieux faints ; qu'il avoit inutilement cherché à calmer les efprits , qu'on ne l'avoit point à peine écouté.

Tous ces difcours me firent tant de peur que je ne balançai point un inftant à prendre mon parti. Je fortis feule de ma maifon , car le Moine me repréfenta qu'il y auroit trop de rifque pour lui de m'accompagner , & je gagnai le premier Village : j'y louai un cheval fur lequel je me rendis à la Ville la plus prochaine. Delà , je députai un homme avec ordre de vendre mes meubles , de m'apporter mes hardes & mon linge , & fur-tout de ne point dire où je m'étois retirée. Ma commiffion fut faite très-promptement & très-fidélement. Mon chargé de procuration m'apprit à fon retour , qu'on avoit conçu pour moi une telle horreur dans le Village, qu'il avoit eu beaucoup de peine à vendre mes meubles , fous prétexte qu'on ne vouloit rien avoir qui m'eût appartenu ; que l'Organifte avoit été chaffé ignominieufement ; que fon Commis avoit fubi le même fort , qu'on ne favoit ce qu'étoit devenu l'enfant qui avoit été trouvé avec nous , & qu'il n'avoit pas reparu depuis ; mon homme voulut mêler à fon récit quelques réflexions ; mais je l'interrompis. M'apportes-tu de l'argent , lui dis-je ? Oui , Madame ; c'eft bon. Voilà ce que je t'ai promis : nous fommes quittes.

L'argent que j'avois économifé dans mon ménage , avec ce que j'avois retiré de la vente de mes effets , faifoient à peu près une fomme de mille écus. Comme la paffion de l'or s'augmente à mefure qu'on en poffede , je formai dès ce moment des projets de fortune , & pour les exécuter , je pris la route de Paris. J'y louai un appartement dans le quartier le plus beau & le plus fréquenté , & je le meublai magnifiquement. Il eft vrai que je ne payai qu'un quart de ce que me coûtoient les meubles , & que je fis des billets pour le refte. Richement vêtue , j'allois dans toutes les pro-

menades ; jamais je ne manquois les jours d'Opéra ,
efpérant de rencontrer quelque bonne fortune

Il y avoit cinq mois que je menois ce genre de vie ,
& je ne voyois perfonne fe préfenter ; pour comble de
malheur mon argent étoit dépenfé, les billets que j'avois
faits n'ayant pas été payés à leur échéance , le tapiffier
avoit obtenu une Sentence contre moi. Mon hôte me
menaçoit de me donner congé ; enfin le marchand de
vin & le traiteur ne vouloient plus me faire crédit. Je
voyois avec la douleur la plus amere , que j'allois retomber dans l'état où j'étois quand je fortis de l'Hôtel-Dieu , lorfque par le plus grand hazard je fus tirée
bien à propos de cet embarras.

Un jour que j'étois aux Thuilleries & que je mar-
chois à grands pas , comme une perfonne qui a la tête fort occupée , je fus rencontrée par un jeune Officier , qui s'apperçut à ma démarche que je devois
éprouver de cruels chagrins. Il me fuivit long-tems fans
que je m'en apperçuffe , ou plutôt la nuit m'ayant obligé d'interrompre ma promenade , je fortois des Thuilleries quand il m'aborda. Le cavalier , me dit-il , qui
devoit vous reconduire chez vous , aura probablement
été forcé de manquer à fa promeffe ; voudriez-vous ,
Madame , que j'euffe l'honneur de prendre fa place. Je
vous avoue que je ne puis avoir la dureté de vous voir
aller feule. Après quelques façons j'acceptai fon bras.
J'étois enchantée de cette heureufe rencontre , qui devoit , felon toutes les apparences , réparer le défordre
de mes affaires. Nous prîmes un fiacre au carrouzel , &
j'arrivai chez moi en très-peu de tems. Dès que mon

hôte , qui attendoit mon retour avec impatience , me vit descendre de voiture , il n'attendit pas que je fusse feule pour me dire qu'il s'étoit passé bien des choses depuis que j'étois fortie ; qu'une cohorte d'Huissiers, en vertu d'une Sentence rendue contre-moi , étoit venue faisir mes meubles , & qu'il étoit bien fâché de n'avoir pas été prévenu ; qu'il y auroit fait opposition pour ce que je lui devois. A cette nouvelle je ne pus retenir mes larmes , ni m'empêcher de m'écrier , que je fuis malheureuse ! Mon hôte ne cessoit de répéter de fon côté : qui me payera les loyers de votre apartement à préfent ? Raflurez-vous , Monfieur , dit l'Officier , ce fera moi ; pour vous , Madame , confolez-vous , comptez que je vous retirerai de l'embarras où vous êtes. Nous montâmes dans ma chambre , dont la vue m'arracha de nouvelle larmes.

Après lui avoir conté toutes mes affaires ou plutôt lui avoir fait une hiftoir- us propre à toucher fa fenfibilité , que conforme à la vérité , il fut décidé que mon hôte feroit payé fur le champ de fes loyers , que je quitterois mon appartement dès ce foir-là même, & que j'irois demeurer avec cet Officier.

Après toutes ces conventions , l'hôte fut appellé & payé. Cet homme étoit fi content qu'il fatiguoit mon nouvel amant par fes remercimens. Il feroit, je crois demeuré deux heures avec nous s'il n'eût été chargé de nous faire apporter à fouper.

Notre repas fut affez gai , & nous y bûmes raifonnablement, pendant le tems du deffert , je vis que mon amant commencoit à s'échauffer. Il s'étoit approché de

moi

moi & m'indiquoit par ses caresses une partie de ses desirs.

Il ne vous fut sûrement pas possible de les satisfaire, me dira le lecteur ; mais il se trompe beaucoup. L'Officier défit ses habits ; j'en fis de même. Les uns nous servirent d'oreiller , les autres de matelas ; & nous fûmes tous deux fort contens. Après cela nous nous r'habillâmes , & je quittai sans regret une maison où j'avois été si malheureuse.

Mon amant ayant été obligé d'aller rejoindre son régiment, & n'étant point assez riche pour m'entretenir pendant qu'il seroit à sa garnison, nous fûmes obligés de nous séparer un mois après notre connoissance. L'argent qu'il me laissa n'étoit point assez considérable pour fournir long-tems à mes besoins ; aussi je ne tardai pas à éprouver tout ce que la misere a de plus affreux. J'étois réduite à loger dans ces auberges où l'on donne deux sols par nuit, quand il me vint dans l'esprit d'aller voir ce garçon marchand de vin à qui j'avois eu jadis tant d'obligation. J'appris qu'il ne demeuroit plus dans le même endroit, qu'il étoit marié & établi aux Porcherons ; en un mot , qu'il faisoit très-bien ses affaires. J'espérai que conservant encore un reste d'amitié pour moi , il ne m'abandonneroit pas dans mon malheur.

Enhardie par cet espoir , je n'hésitai point de l'aller trouver à son cabaret. En entrant je l'apperçus qui étoit à son comptoir. Quant à lui , il ne me reconnut point. Après avoir attendu assez long-tems qu'il vînt dans la salle où étoient les personnes qui buvoient , je le vis enfin paroître. Aussi-tôt je m'approchai de lui & lui annonçai à voix baſſe que j'aurois un mot à lui dire en particulier. Il me fit entrer dans un cabinet; & dès que nous fûmes ſeuls je lui parlai ainſi : l'état où je ſuis réduite vous empêche de reconnoître votre chere Suzon. J'eus à peine prononcé mon nom, qu'il ſauta à mon col & m'embraſſa; comment c'eſt vous, me dit il; & mon cœur ne me l'a pas annoncé? Que j'ai de plaiſir à vous voir! Mais dans quel état vous trouvai-je? Comptez moi donc ce qui vous eſt arrivé, & pourquoi vous êtes retombée dans la miſere. N'y auriez-vous pas un peu contribué? Avouez-le moi franchement. Je n'eus garde d'en convenir. Je lui fis au contraire une hiſtoire qui étoit tout à mon avantage. Je ne puis, me dit mon cher Nicolas, faire pour vous ce que je ferois ſi j'étois encore garçon. Je ſuis obligé, à préſent que j'ai des enfans, de mettre des bornes à ma généroſité. Je ne veux cependant pas vous voir ces guenilles ſur le corps. Voici de l'argent pour acheter des habits, revenez ce ſoir me trouver; & vous me demanderez, en préſence de ma femme, à entrer chez moi en qualité de Danſeuſe : je conſentirai de vous prendre à raiſon de 15 ſols par jour. Je ſens que cette ſomme eſt très-modique. Auſſi je vous donnerai 15 autres ſols, ſans que ma femme ni vos compagnes le ſachent.

J'aurois pu, ſi j'avois été plus écônome, amaſſer quelque choſe; mais je reſſemblois à mes autres compagnes, je n'avois jamais un ſol, ſans ſavoir à quoi j'employois mon argent. Je fis ce métier l'eſpace de quatre ans, & je ne le quittai que par rapport à une ſcène plaiſante qui m'arriva, & que je vais raconter.

Je revenois un soir chez moi fort tranquillement, lorsque je rencontrai deux soldats qui me parurent très-échauffés par le jus de la treille. Ces Messieurs-la n'ont pas coutume de laisser passer une femme, sur-tout quand elle est seule, sans chercher à pousser leur pointe : ceux dont je fis la rencontre étoient précisément de ce nombre-là. Ils s'approcherent de moi, me tinrent des propos assez gaillards auxquels je ne répondois pas. Je les voyois en trop bon train pour chercher à les exciter. Des propos ils en vinrent aux gestes, & malgré ma résistance, ils me prirent l'un & l'autre sous le bras. Au lieu de rentrer dans Paris, mes chevaliers prirent le chemin de Montmartre. Je fis de nouvelles résistances en voyant la route qu'ils prenoient ; mais tous mes efforts furent vains, & il fallut céder à la force. Dès que nous fûmes dans la campagne, le premier bled qu'ils rencontrerent leur parut propre à satisfaire leurs désirs ; ils m'y firent entrer, sans me demander si c'étoit de mon goût. Comme les soldats ne sont pas délicats, la premiere place qu'ils trouverent fut celle qu'ils choisirent pour offrir un sacrifice à Vénus. Le cavalier voulut d'abord présenter son offrande, mais elle étoit si magnifique, qu'elle ne pût jamais entrer dans son temple, malgré les efforts qu'il fit & les douleurs que j'endurai, ou, pour parler plus clairement, je n'ai jamais vu un vit si long & si gros. Il étoit d'une taille à faire reculer la putain la plus intrépide. Si les cris que je fis, & le mal qu'il souffroit lui-même, n'eût suspendu sa rage, c'en étoit fait de moi, les deux trous n'en auroient plus fait qu'un.

Je ne pus appaiser l'ardeur de mon redoutable fouteur

qu'en le branlant six fois. Quand ce fut le tour du grenadier, autant son camarade m'avoit fait souffrir, autant celui-ci me fit de plaisir. Il n'étoit pas moins vigoureux ; mais au moins avois-je de quoi le satisfaire
amplement. En revenant, le Cavalier pestoit contre la
grosseur de son vit, & se plaignoit d'une résistance très-
peu commune dans les filles de mon état. Déjà nous
traversions les Porcherons, quand j'apperçus une brouette
de Gagne-petit à la porte d'un cabaret. A cette vue, il
me vint une idée très-plaisante.

Vous vous plaignez, dis-je au Cavalier, de la grosseur de votre vit : voici une meule qui se présente très
à propos. En le repassant dessus, vous le rendrez plus
aigu & plus propre à vous en servir. Le grenadier ne
manqua pas d'applaudir à ce que je disois, & nous
nous disposâmes à profiter de cette heureuse découverte. Malheureusement le Gagne-petit, qui étoit à boire,
avoit emporté son seau ; cet obstacle se seroit opposé
à notre dessein, si le grenadier ne m'eût proposé de
monter sur la brouette, & d'arroser la meule en pis-
sant dessus. L'idée de cette scène étant de moi, je consentis à y jouer un rôle. Je me plaçai sur l'endroit qui
soutient la meule, qui se trouvoit, par ce moyen, entre mes deux jambes. Ne voulant pas donner plus d'eau
qu'il n'en falloit. Je serrois d'une main les levres de
mon con, pour ne laisser à l'urine qu'un très-petit passage, & de l'autre, je soutenois mes jupons & ma chemise qui étoient relevés. Le grenadier, pour ne pas demeurer oisif, sortit son vit de sa culotte aussi-tôt qu'il
vit commencer la besogne, & se branla. J'étois fort cu-

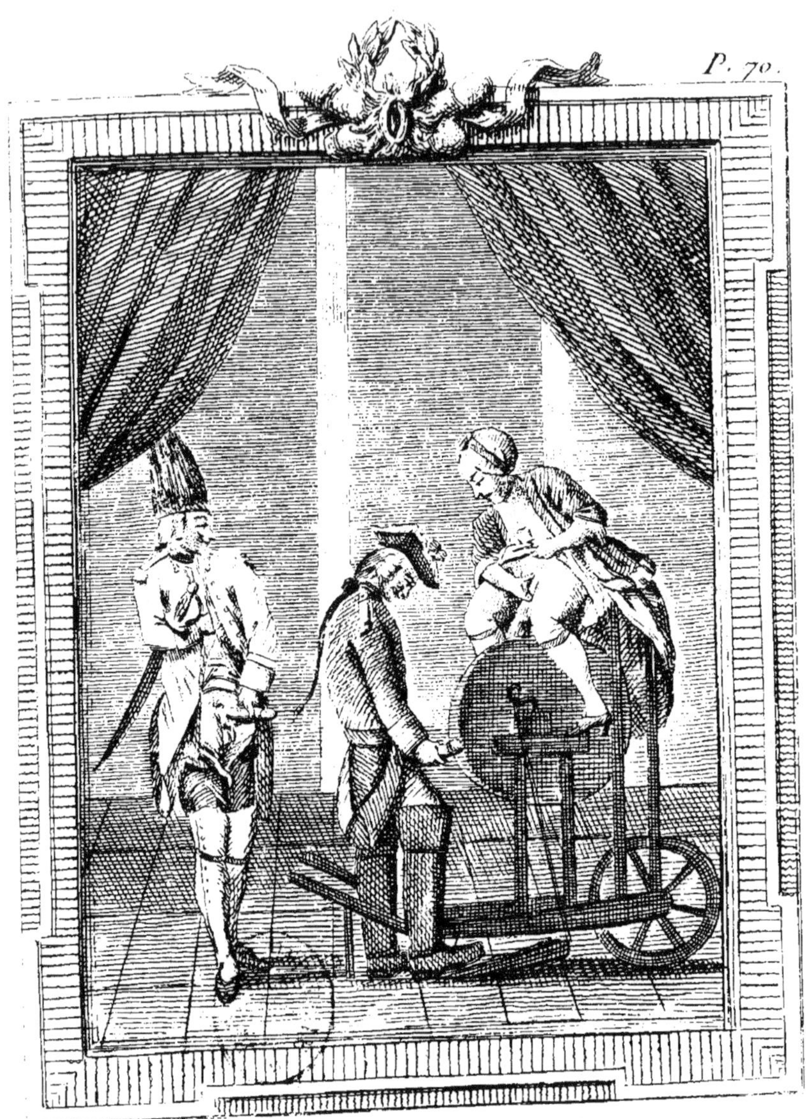

rieufe de voir fi le Cavalier auroit le courage de fup-
porter longtems cette douloureufe opération. Mais nous
commencions à peine, lorfque le gagne petit parut.
Voulant faire part à ceux qui étoient dans le cabaret de
la fingularité de ce fpectacle, il fe hâta d'y rentrer en
criant : venez, venez voir ; venez donc voir. Plufieurs
le regarderent comme un fou ; mais le plus grand nombre ne tarda point à le fuivre, & en un inftant nous
nous vîmes entourés par plus de deux cens perfonnes.

Quoique le frotement de la meule fit faire des grima-
ces affreufes au foldat, je crois qu'il feroit venu à bout
de fon deffein, fans l'arrivée imprévue de la bande de
Durocher. Les deux foldats furent tous deux arrêtés, &
j'aurois été moi-même conduite à Saint Martin, fi je
ne me fuffe fauvée à la faveur du monde qui étoit dans
la rue.

Cette hiftoire ne tarda pas à fe répandre dans tout
Paris. Et le defir de me voir attira tant de perfonnes
dans le cabaret où je danfois, que mon ancien amant
auroit en moins d'un an fait une fortune très-brillan-
te, fi je fuffe reftée chez lui ; entr'autres perfonnes que
la curiofité amena, il vint un vieux garçon fort riche
à qui je plus tant dès la premiere fois qu'il me vit,
qu'il me propofa de m'entretenir. Les conditions qu'il
me faifoit étoient trop confidérables, pour refufer fon
offre. Je fis donc le lendemain mes adieux à mon cher
Nicolas, qui me vit partir à fon grand regret. Arrivant chez mon vieil amant, le domeftique à qui je
m'adreffai me dit que fon maître étoit à travailler dans
fon cabinet ; mais qu'il avoit reçu ordre de m'introduire dès que je me préfenterois.

Comme avant d'y arriver il falloit monter plus de deux cens marches, je ne savois pourquoi un homme riche avoit de préférence choisi pour son appartement le grenier de sa maison; mais j'en fus bientôt la raison. Aussi-tôt que la porte du cabinet fut ouverte, j'apperçus ce vieillard qui me paroissoit très-enfoncé dans les calculs & qui me fit signe, en me voyant entrer, de m'asseoir. Pendant tout le tems qu'il resta sans me rien dire, je m'occupai à considérer les instrumens de son art, dont son cabinet étoit rempli. A leur forme je jugeai dans l'instant que mon homme ne respiroit que la fouterie.

Je crois, cher lecteur, que la description de deux ou trois de ces instrumens vous en fera juger comme moi... Il y avoit, par exemple, deux Spheres qui étoient soutenues sur des vis. Le corps d'un télescope qui étoit sur sa table, en représentoit un d'une grosseur énorme, à l'extrémité duquel pendoient deux couilles couvertes d'un poil noir & touffu. J'avois à peine fini mon examen, quand cet Astrologue m'adressa la parole. Je suis fâché, me dit-il, de vous avoir fait une réception aussi peu civile, & je compte assez sur votre bonté pour espérer que vous me la pardonnerez. Il vint ensuite s'asseoir auprès de moi, passa une main dans mon estomac, l'autre sous mes jupons, & me patina tout à son aise.

Je me laissois faire tout ce qu'il vouloit, attendant avec impatience ce que produiroient tous ces attouchemens; mais ayant mis la main dans les culottes de mon homme, je me doutai, au mauvais état dans lequel je trouvai ses pieces, qu'il n'y auroit rien à gagner pour moi. Ce que j'avois prévu m'arriva.

Je fus conduite dans l'appartement qui m'avoit été
deftiné, très-peu fatisfaite de n'avoir pas été étrennée.
Les complaifances de ce vieillard adouci'oient mon fort ;
de plus, l'efpéiance que par fa mort il me débairaff-
roit bientôt de fa trifte figure, & qu'il me laifferoit une
rente affez honnête pour n'avoir point à redouter les
caprices de la fortune, étoit un motif affez puiffant pour
m'engager de prendre mon mal en patience. D'ailleurs de-
vois-je exiger de lui plus qu'il ne pouvoit ? Le tems où
j'avois le p'us à fouffrir étoit l'hyver. On fait que ceux
qui donnent dans l'aftronomie dorment peu pendant ce
tems qui eft très-propre à faire leurs découvertes. Quelquefois ce vieillard, enthoufiafiné de fon art, venoit
me chercher dans mon lit, ne me donnoit fouvent pas
le tems de m'habiller, pour me faire prendre part à la
joie qu'il avoit reffentie, d'avoir apperçu le paffage de
telle Planette fous telle autre qu'il me nommoit & dont
j'ai oublié le nom. Dans ce moment il me faifoit affeoir
fur lui. J'avois les cuiffes très-écartées. Lorfque fon vit
avoit acquis un peu de fermeté, ce qui arrivoit très-
rarement, il le faifoit entrer dans la mortaife ; enfuite il
me difoit : prends les couilles du télefcope dans ta main,
cherche le point de vue. Dès que j'avois fait tout ce qu'il
m'avoit dit ; vois-tu, me difoit-il, telle chofe. Quoique
je ne viffe rien le plus fouvent, je répondois toujours
oui, & lui difois : de tout ce que vous me dites, qu'en
concluez-vous ? Ce que j'en conclus, me répondoit mon
infupportable amant, que nous aurons une éclipfe de fo-
leil dans vingt ans, une autre dans à-peu-près le même
tems, & qu'elles feront toutes deux très-vifibles en

Europe. Ses pronoftics devoient toujours arriver dans un tems fi éloigné, que je ne pouvois pas le prendre en défaut.

Telle a été la vie que j'ai menée pendant huit ans avec ce vieillard. Elle étoit peu conforme à l'enjouement & à la gaieté de mon caractere. Je ne serois pas cependant fâchée d'avoir fait le sacrifice de ce tems bien précieux à la vérité, pour moi qui étois déjà parvenue à un certain âge, si je n'eusse eu le malheur de perdre cet homme, qu'une mort subite m'enleva la veille du jour qu'il avoit destiné pour me faire une rente viagere de mille écus. Ses parens, qui ne soupiroient qu'après sa succession, me donnerent à peine le tems d'emporter mes effets, & me renvoyerent avec le peu que j'avois.

J'appris heureusement, dans ce tems-là, qu'un Baladin de dessus le rempart avoit besoin d'une Actrice pour repréfenter dans les Pantomimes. Quoique je ne connuffe point le théâtre, je payai d'effronterie : j'eus la hardiesse de me préfenter, & j'eus le bonheur d'être reçue. Huit jours après, je débutai à l'entiere satisfaction du Directeur de cette troupe, qui ne s'y connoît pas, & avec les applaudiffemens d'un public qui n'a pas le sens commun. Car on sait que ce spectacle n'est ordinairement rempli que de petits-maîtres, de laquais & de catins.

Des Sauteurs Espagnols qui repréfentoient alors sur le même théâtre leurs tours de force, m'offrirent de partager leur chambre avec moi. Ils avoient avec eux une autre femme qui n'entendoit pas un mot de Fran-

çois,

P. 47.

çois, & à qui j'ai eu l'obligation de donner de l'ame, de l'expreſſion & de l'énergie à mes geſtes. Comme nous n'avions que ce moyen pour nous entendre, il faloit que chaque geſte ſignifiât bien ce que nous voulions dire, pour pouvoir être compris.

Ceux qui auront lu ces Mémoires, conviendront je crois, que mes différens amans, qui avoient tous plus de lubricité les uns que les autres, m'avoient enſeigné bien des ſortes de poſtures. J'imaginois même qu'après un cours de leçons auſſi variées, il n'étoit plus poſſible de me rien montrer : eh bien ! je me trompois. Avec mes Eſpagnols nous foutions d'une maniere tout à fait conforme à leur état, ou pour mieux dire, toujours en ſautant. Quand nous voulions faire nos exercices, nous nous mettions tous nuds comme la main. La ſociété préféroit toujours celui que je vais citer.

Quelquefois ils plaçoient ma compagne à quelque diſtance de moi, ils la faiſoient puncher contre terre, appuyée ſur ſes pieds & ſur ſes mains ; & moi ils me mettoient dans un ſens tout contraire, c'eſt-à-dire, que j'étois à la renverſe, mais également ſoutenue ſur mes pieds & ſur mes mains. Alors celui qui avoit été aſſez adroit pour m'enfiler avec ſon vit en courant ſur moi, étoit jugé digne de me foutre, mais à condition qu'au moment de la décharge il m'enleveroit dans ſes bras & feroit un ſaut périlleux en arriere avec moi. Celui qui mettoit à côté du noir devoit me ſauter pardeſſus le corps & eſſayer ſon adreſſe ſur ma compagne. S'il réuſſiſſoit, il étoit également admis à l'honneur de la baiſer ; avec cette différence qu'il devoit, dans l'inſtant

du plaisir , enlever sa maîtresse & la relever de terre
sans d'autre secours que celui de son vit. Les mal adroits
payoient une amende que nous partagions ma compagne
& moi.

Les Espagnols ne resterent que sept à huit mois à
Paris. Je les vis partir avec chagrin. Il auroit cependant
mieux vallu que je ne les eusse jamais connus ; car ils
me laisserent, pour me rappeller leur souvenir , une maladie encore plus commune dans leur pays que dans la
France. Je veux parler de celle qu'apporta Christophe
Colomb de ses voyages, & que l'Europe doit à la découverte du nouveau monde.

J'aurois été bien heureuse si j'avois pu , en commu-
niquant la vérole que j'avois reçue, la laiss r dans cette
troupe , quand je fus obligée de la quitter, quelque
tems après le départ des Espagnols ; & voici ce qui a
donné lieu à ma sortie.

Je faisois chambrée depuis quelque tems avec l'Arlequin & le Pierrot du même spectacle. Tous deux étoient
très-foux & me divertissoient infiniment. Ils sembloient
se disputer tous deux à qui imagineroit l'extravagance
la plus complette ; un jour qu'ils avoient l'un & l'autre copieusement diné ; veux-tu gager , dit l'Arlequin
au Pierrot , que si Mademoiselle consent à s'y prêter,
je la baise dans une coulisse pendant la Pantomime de
cette nuit , & que je ne manquerai aucune des En-
tées de mon rôle. Le Pierrot dit qu'il y consentoit, qu'il
s'offroit même à lui prêter son dos. J'aurois bien dû
m'opposer à cette entreprise. J'avois payé assez cher
plusieurs de mes folies pour être corrigée du desir d'en

faire de nouvelles. Cependant celle-ci me parut d'un genre si comique, que j'aurois été fâchée qu'elle n'eût pas eu lieu.

Dans un moment donc de la Pantomime où l'on réprésentoit un orage terrible, accompagné d'éclairs & de coups de tonnerre, dans le tems que le théatre n'étoit presque point éclairé, la gageure s'exécuta. Le Pierrot se mit à genoux & s'appuya sur ses mains. Je me plaçai sur le bord de son derriere, les cuisses écartées, & présentois le con en avant le plus qu'il étoit possible. La posture de l'Arlequin étoit toute naturelle. Il devoit fléchir les genoux, pour que son vit se trouvât vis-à-vis de l'entrée du bosquet de Cythere. Ce qu'il fit effectivement. Quand Pierrot, averti par le poids de sa charge qui augmentoit, sentant que l'ennemi étoit près d'entrer dans la place, haussa le cul & le fit parvenir jusques dans l'intérieur de la cité, je commençois à me pâmer; Pierrot nous sollicitoit de nous dépêcher; quant à mon cher Arlequin, quoiqu'il ne proferât pas une seule parole, ses coups de cul plus vifs & plus répétés annonçoient qu'il ne me feroit pas attendre longtems le moment desiré, lorsque le théatre ayant été éclairé sans que nous nous en appercevions, nous fûmes à la vue de tous ceux qui étoient placés dans le côté opposé à la coulisse où cette scène se passoit. Les éclats de rire obligerent notre directeur de regarder. Il vint conduit par les yeux de ceux qui nous regardoient, droit à l'endroit où nous étions. Furieux qu'un pareil scandale eût été occasionné dans son spectacle, il envoya chercher un Sergent Major du Guet; mais nous n'attendîmes point son arrivée. Quant à moi, je me sauvai par-dessous le théatre, & gagnai promptement la porte qui donne sur la rue qui est derriere le rempart. Je ne sais si l'Arlequin & le Pierrot furent arrêtés, si la piece put être continuée, & je ne m'en suis même jamais inquiétée.

Après m'être cachée pendant quelque tems dans un cabinet que j'avois loué sous un faux nom, dans le fauxbourg Saint Germain, l'argent commençant à me manquer, je fus obligée de me retirer dans un bordel : digne refuge de celles qui ont mené une conduite semblable à la mienne.

Pour comble d'infortune, j'étois en proie aux douleurs d'une maladie cruelle, qui ne me laissoit point un instant de repos. Mon état étoit d'autant plus triste, qu'il en est d'un bordel comme d'un Couvent. Un Moine qui n'a point assez de talent ou assez de souplesse dans l'esprit pour faire de son confessional un bureau où il force ses pénitens de venir à contribution, est sûr qu'il sera très à plaindre dans sa Communauté ; de même une fille de joie recevra toutes sortes de mauvais traitemens de la Maquerelle sous qui elle sera, si ses charmes ne sont point assez appétissans pour conserver les anciennes pratiques & même pour en attirer de nouvelles.

J'éprouvai long-tems ce que je viens de dire, moi sur-tout qui ne pouvois être offerte qu'aux personnes que nous ne connoissions pas, & que nous n'avions pas, par conséquent, grand intérêt à ménager. A la fin cependant ma douceur & mes complaisance obtin-

rent grace pour moi auprès de la Mere Abbesse. Elle m'accorda son amitié & sa confiance, & j'étois l'ame de tous ses secrets. Dans le récit qu'elle m'avoit fait de sa vie, j'avois remarqué qu'elle avoit eu sûrement beaucoup de tempérament. Un jour que je lui en parlois, elle m'avoua que non-seulement elle en avoit eu un des plus violens, mais même qu'elle étoit obligée encore de se branler presque toutes les nuits. Il faut vous dire, cher Lecteur, que la bonne Dame avoit plus de soixante ans, & qu'il y avoit à parier qu'elle conserveroit ce goût-là jusqu'à la mort.

L'aveu qui venoit de m'être fait me fit venir une idée ; & j'espérai faire ma cour en exécutant mon projet. D'abord en travaillant pour la Mere Abbesse, je devois aussi y trouver mon compte. Voici ce que j'imaginai, pour pouvoir nous passer d'hommes.

Il y avoit dans la chambre où nous étions, un vieux rouet, qui avoit jadis servi à dévider du fil. Je l'armai de huit godemichés, que je plaçai en dehors vis à-vis de chaque rayon de la roue, & dès qu'il fut achevé nous en fimes l'essai.

Nous nous placions ainsi : l'une étoit penchée sur un buffet, la chemise relevée jusques sur les épaules, & cul allongé autant qu'il étoit possible : l'autre également nue, étoit à peine appuyée à la renverse sur le siege d'un fauteuil, & se tenant les cuisses extrêmement écartées : le rouet étoit établi entre nous à égale distance. Une jeune personne qui étoit depuis peu avec nous, & qui n'avoit pas besoin de ce secours pour satisfaire sa passion à peine naissante, nous rendoit le service de tenir la manivelle de la roue , & de la faire tourner. Lorfque par le frottement des godemichés , nous fentions qu'ils touchoient les levres de notre con , nous nous élancions deffus & les faifions entrer très-avant. Nous répétions la même chofe autant de fois qu'il le falloit pour provoquer la décharge. Lorfque nous avions fini , les godemichés fe démontoient , & le rouet fervoit à dévider tout comme auparavant.

Tels font les mets auxquels je fuis forcée d'être réduite à préfent. Combien je me ferois épargné de chagrin , fi dans des tems plus heureux pour moi , j'avois fû mettre des bornes à mes defirs.

Comme depuis quelque tems je venois de finir d'écrire tout ce qui m'étoit arrivé dans la vie jufqu'à ce jour , l'habitude de réfléchir que j'avois néceffairement contractée en rédigeant mes Mémoires , me faifoit retomber prefque malgré moi dans de nouvelles réflexions. Le malheur de celles qui font obligées , par état , de fervir aux plaifirs du public , & le fort encore plus cruel qui les menace , fe préfentoient fouvent à mon imagination. Il eft vrai que tout contribuoit à nourrir cette idée dans mon efprit , & que je n'entendois de tous côtés que des plaintes. Accoûtumée à dire & à écrire tout ce que je penfois ; en hardie d'ailleurs pas le Miniftre qui étoit à la tête des Finances , & qui avoit déclaré publiquement qu'il accueilleroit d'un regard favorable tous les Plans fur la partie Economique , je me mis fur les rangs , & j'écrivis le Plan fuivant. Quand il fut fait , j'en fis la lecture à une perfonne de bons fens , qui nous rendoit fouvent vifite. Feignant de ne pas vouloir croire aux éloges qu'il me donna après en avoir entendu la lecture , je lui dis : puisque vous trouvez tant de bon sens dans mon Plan, oseriez-vous , Monsieur , vous en avouer l'Auteur , s'il venoit à être exécuté ? Oui, oui , Mademoiselle , me dit il : je me charge même de le préfenter moi-même à Monsieur le Contrôleur Gégénéral. La précaution que vous avez eue de le faire au nom d'un homme , empêchera le plus petit changement ; & j'y vais de ce pas.

Il fortit auffi-tôt , en m'affurant qu'il le feroit appuyer.

Je ne veux pas , cher Lecteur , vous priver de la lecture de ce petit ouvrage que j'ai nommé avec raifon , CHIMERE RAISONNABLE: vous le trouverez donc à la fuite de mes Mémoires.

C O N C L U S I O N.

Dès que j'eus fini la lecture des Mémoires de ma chere Suzon , je prévins les réflexions qu'alloit fûrement faire mon cher Comte , en lui difant que la fin malheureufe de mon amie m'inftruifoit plus que tout ce qu'on pourroit me dire , & qu'elle n'étoit qu'une fuite de la conduite qu'elle avoit menée pendant toute fa vie. Ses foibleffes , lui dis-je , feront continuellement devant mes yeux , pour m'apprendre à être en garde contre les miennes. Je jure , en un mot , par l'amour fincere que j'ai pour vous , & par la reconnoiffance

LXXXII.

éternelle que je vous ai vouée, de vous demeurer toujours fidelle, & n'avoir jamais d'autre volonté que la
vôtre. Je lui ai tenu parole, & je coule des jours paifibles dans le fein d'un ami qui m'eftime & qui m'aime.

Fin des Mémoires de Suzon.

MÉMOIRES

DE SUZON,

SŒUR DE D.. B.....

PORTIER DES CHARTREUX,

Écrits par elle-même.

SECONDE PARTIE.

LA PERLE

DES PLANS

ÉCONOMIQUES,

OU

LA CHIMERE

RAISONNABLE.

A J'ENCONNE,

RUE DES DÉCHARGEURS.

Aux dépens de la Gourdan.

CETTE ANNÉE MÊME.

LA PERLE

DES PLANS

ÉCONOMIQUES,

OU

LA CHIMERE

RAISONNABLE.

PREMIERE PARTIE.

LA misere des Auteurs & les ris du public n'ont pu couper toutes les têtes à l'hydre renaissant des Economistes. Non, leur mauvais succès & physique & moral ne les a pas tous rebutés. En voici un nouveau qui vient peut-être augmenter l'épais athmosphere d'ennui qu'a répandu sur nos climats le tourbillon de ses confreres, & que n'a pas encore dissipé le souffle du tems. N'importe, il ose espérer de l'indulgence de M. Turgot qu'il daignera jetter un œil favorable sur un projet intéressant, qui, de plus, se flatte du mérite de la nouveauté.

En effet, de tous ces politiques profonds qui se rongent les doigts, qui se frottent le front, qui mettent leur cervelle à l'alambic, pour en exprimer une idée qui leur procure quelque chofe de plus qu'un cure-dent, un verre d'eau & la Gazette; de toutes ces vieil-les Sybilles de caffé, il n'en eft point qui ait feulement foupçonné le phénix des Plans Economiques. Se font-ils jamais imaginé qu'un membre toujours pernicieux au corps de l'Etat, pût lui devenir très-utile, qu'un mem-bre avide du fuc de fes voifins pût entretenir en eux tout l'embonpoint, toute la fraîcheur de la fanté; en-fin qu'un membre fouvent gangrené pût rendre les au-tres plus fains & plus robuftes? Et quel eft donc ce membre? Sans doute la malignité croit déjà que ma plume indifcrette a l'audace d'attaquer les vénérables foixante de l'Académie de Plutus qui, pour la plûpart, nourriffent généreufement les triftes quarante de l'Aca-démie d'Apollon; point du tout. A la vérité la diffé-rence n'eft pas grande. Le membre de l'Etat dont je parle, naît, croît, & s'aggrandit comme nos Publi-cains : en un mot, je parle des Courtifannes.

Ces milliers de fauterelles qui jadis affligerent l'Egypte, inondent aujourd'hui non-feulement les Villes de la Fran-ce, mais encore celles de l'Univers entier. Sans doute la baguette miraculeufe de quelque Magicien leur a ôté leur premiere forme, pour leur en donner une prefque femblable à la nôtre. Comme nous, leur machine fe foutient & chemine fur deux jambes; deux bras font attachés à deux épaules, furmontées d'une tête comme la nôtre : feulement plùs de paffions, plus d'effronterie, anime leurs regards, un coloris menfonger embellit leurs joues; fur leur fein s'élevent deux pommes de rambour qu'un ruban officieux empêche fouvent de paroître des pommes cuites ; & plus bas, plus bas, al-te-là... Voilà à peu près la différence de leur forme avec la nôtre.

Le Magicien, en changeant la forme de ces fauterelles, leur a laiffé malheureufement leur naturel. Comme celles de l'Egypte, elles fe répandent dans les rues, dans les places publiques, dans les fpectacles ; elles fe gliffent jufques dans l'intérieur des maifons, elles rongent tout, dévorent tout, confument tout ce qui fe préfente. Si dans l'Egypte il fe fût trouvé un homme qui d'un mal fi incommode à l'Etat, eût procuré un bien très-avantageux, je vous le demande, Meffieurs les François, que n'eût-il pas obtenu du Monarque ? Eh bien ! l'Economifte qui prend la liberté de vous communiquer fes vues philofophiques, brûle de rendre ce fervice à la patrie. Quelles richeffes, quels honneurs ne doit-il pas attendre, fur-tout en France, fur-tout lorfque la bienfaifance eft affife fur le Trône ?

Rien de plus fimple que mon Plan, rien de plus avantageux que fon exécution. Procédons d'abord aux moyens. Si la nature du fujet eft affez piquante, du moins tâchons de ne la pas rendre plus faftidieufe, par la longueur & la féchereffe des détails.

Elle eft fûre de faire rouler les eaux du Pactole dans ces temples enrichis des offrandes de mille adorateurs ; elle en eft fur cette pomme que produir l'arbre fécond du bien & du mal ; cette pomme que le ferpent de nos foibles Adams paie à des prix fouvent répétés, & toujours extraordinaires. Détournons, dans l'Etat, feulement un filet de ces ondes dorées & intariffables ; tout-à coup la fertilité reparoîtra , & la difette fera place à l'abondance.

La difficulté eft de tromper ces Eves modernes dont la nature eft de tromper. Mais ne nous effrayons pas à l'afpect des obftacles. Combien de fois , même fans néceffité , nos Eglifes ont-elles vu dépouiller gaiment leurs Saints refpectables , qui fembloient devoir glacer d'effroi les raviffeurs , par leur mine flegmatique & filencieufe ? Craindroit-on de porter la main fur les tréfors de ces faintes affables , qui fe communiquent aux mortels avec tant de douceur & d'humanité ?

Suppofons que je fois chargé de l'exécution & que je mette la main à l'œuvre. D'abord je choifis quatre rues aux quatre coins de Paris : enfuite de fuperbes grilles ferment chaque rue par les deux bouts.

Sans perdre de tems , je prends avec moi les difciples les plus experts de Saint Côme , je les établis mes lieutenans & nouveau général de Cypris , je fais la revue de fes troupes. Nous courons dans tous les quartiers de Paris , nous vifitons nos amazones... de pied en cap. Toutes les héroïnes qui ne font pas encore guéries de leurs anciennes bleffures , ou qui en ont reçu de nouvelles dans les affauts amoureux , obtiennent fur le champ les invalides dans le Château Royal de Bicêtre ; toutes celles qui peuvent encore faire des campagnes font enrolées fous mes drapeaux.

Mais quels cris de rage & de fureur fe font entendre autour de moi ! Au fecours ! au fecours ! Si le Miniftere m'abandonne , mon Plan tombe , l'Etat eft ruiné , & moi je ne fuis plus. Je vois ces Madeleines , auparavant fi douces , fe changer tout à coup en Bacchantes & s'écrier : arrête , audacieux , quoi ! ne fommes-nous pas fous l'appui de la Police ? De quel droit viens-tu troubler nos plaifirs ? N'avons-nous pas des Couvens réglés où nous payons, en nous damnant , de quoi nourrir les pauvres élus du Paradis ? Arrête , ou finon , avec les compas de nos toilettes, nous t'imprimons, dans toutes les parties du corps , les glorieufes ftygmates de Saint François.

D'un autre côté , je vois des Carmes , des Cordeliers & des Capucins , la barbe hériffée , & la main armée de redoutables cordons , me menacer de m'envoyer au Ciel comme Saint Etienne , fi j'arrache de leur voifinage des tentatrices falutaires pour mortifier la chair de concupifcence. Ah ! mes Révérends , ah ! mes charitables Peres ! de quoi vous plaignez-vous ? Je ne porte pas un pied profane dans les pifcines délicieufes où vos corps fe purifient de leurs taches journalieres ; retournez-y bien vîte & laiffez-moi tranquille. Et vous , charmantes poupines , calmez-vous de grace ; écoutez-moi , & vous verrez qu'en cherchant le bien de l'Etat , je n'oublie pas le vôtre. Vous avez déjà des demeures affurées : plus d'inquiétudes , plus de crainte. Les vifites importunes d'une groffiere Police ne vous arracheront plus inhumainement d'entre les bras de l'amour. De plus , le choix de vos compagnes vous honore. Vous êtes le troupeau d'élus dont on a retranché les brebis galeufes. Sentezvous , mais fentez-vous bien ce double avantage ?

Ecoutez-moi donc , & fuivez l'ordre que je veux établir parmi vous.

Toutes mes troupes raſſemblées, vues & revues & duement examinées, je les partage en quatre bataillons; un pour chaque rue. Je diviſe chaque bataillon en trois claſſes, en MINOIS A CROQUER, en MINOIS APPÉTIS-SANS, en MINOIS PLAISANS. Après cette diviſion qui ne peut manquer d'être heureuſe, puiſqu'elle eſt faite ſelon l'ordre ternaire. Je loge les minois à croquer au premier étage; au ſecond les minois appétiſſans; au troiſieme, les minois plaiſans. A meſure que mes hé-roïnes perdent le don d'animer l'ouvrier, ſouvent im-mobile de la génération, je les fais paſſer du premier étage au ſecond, du ſecond au troiſieme, du troiſie-me au quatrieme, au cinquieme, au ſixieme & même au ſeptieme, s'il s'en trouve.

C'eſt dans ces dernieres demeures qu'habiteront les vieilles Prêtreſſes qui auront coulé leurs beaux jours au ſervice de Vénus. Toutes auront l'emploi qui convient à leur mérite. Les unes ſeront portieres, les autres vi-vandieres, celles-là cuiſinieres, celle-ci fripieres; ainſi du reſte. Par-là, aucun membre ne devient inutile dans ma nouvelle République.

Vous ſavez que deux grilles ferment chaque rue: au-tant de grilles, autant de Bureaux. Chaque Bureau eſt pour un côté de l'enclos & occupe trois perſonnes; deux Portieres & un Commis. Des deux Tourrieres, l'une ouvre la grille & la referme, l'autre par ſa vi-gilance empêche que le Buraliſte en travaillant pour les intérêts de l'Etat, ne travaille auſſi pour les ſiens & ne prenne plus que le quart de la recette. La dévo-tion amene-t-elle quelque Pélerin dans ces lieux ſacrés?

Il ne se perd pas un seul instant en demandes & en réponses inutiles pour savoir si Monsieur veut monter au premier étage , où sont les Minois à croquer ; au second, où sont les Minois appérissans, au troisieme , où sont les Minois plaisans ? La surveillante du Commis demande aussi-tôt : Monsieur veut-il du croquet, ou de l'appétit , ou du plaisir ? Cela s'entend , & l'on entre aussi vîte qu'à la Comédie.

Mais n'est-il pas à craindre que le zele, ou la curiosité ne conduise vos adorateurs dans un temple plutôt que dans un autre ? N'est-il pas à craindre que leurs mains ne brûlant leur encens que sur des autels particulierement chéris , cette partialité ne répande la discorde parmi vos divinités ? Point du tout : la jalousie (Prodige incroyable.) est bannie de ce nouvel Olympe , & comment ? le voici.

Le Buraliste tient un nombre de billets égal à celui de mes Nymphes ; le nom & la demeure de chacune sont écrits sur chaque billet. Jamais on ne donne le même ; ainsi tous les temples sont fréquentés alternativement. A peine le postulant a-t-il remis la somme prescrite , il reçoit un billet , il est conduit par un garde dans le sanctuaire desiré ; & après le sacrifice , il remet fidelement son billet au Bureau. Mais aussi le changement n'est-il pas dangereux pour les sacrificateurs ? Nullement : ma prudence économique a tâché de prévoir à tout. D'abord , je vous avouerai naturellement que je n'avois pas envie d'introduire dans ma République féminine, la triste faculté de Médecine & de Chirurgie : mais enfin, Dieu ne veut-il pas que les

animaux , même les plus malfaisans , vivent ici bas ?
En conséquence dans chaque dépôt d'amour , je fonde
quatre places pour deux Chirurgiens & deux Médecins.
Leur principale occupation est d'observer tous les jours si
les fontaines du plaisir ne sont point infectées dans leurs
sources , & d'en faire un rapport exact au directeur, La
sûreté ne manquera donc pas d'attirer dans le séjour de
nos Amazones , un grand nombre d'Amateurs ; & j'es-
pere que la curiosité n'en procurera pas moins.

Le son de la cloche , appelle-t-il à dîner, où à souper ces divinités , qui ne le cédent pas en appétit , aux
plus simples mortelles ; alors les grilles s'ouvrent gra-
tis pour tout le monde , excepté pour la livrée. Ce qui
frappe d'abord les regards , ce sont les différens por-
traits des Divinités , lesquels sont suspendus aux portes
des rez-de-chaussée , avec le titre de chaque étage. C'est-
là que les lunettes , les besycles & les lorgnettes sont
d'un grand usage. A près l'examen des copies , l'on passe à celui des originaux , qui se trouvent dans les réfectoirs. Les réfectoirs sont au nombre de trois , l'un
pour les minois à croquer , l'autre pour les minois appétissans , & le dernier pour les minois plaisans.
Dans cette arène tous les prétendus Beaux - esprits ,
tous les garçons philosophes sont libres de se le disputer par les pointes , les Calambours & les gen-
tillesses demi-honnêtes. Mais il faut laisser les grossieretés
à la porte , sous peine d'y être mis soi-même. La gaité
est l'ame de tous les repas ; & l'on est sûr de trouver
des antagonistes féminins , dont l'enjouement ne laisse
pas languir la conversation. Du moins l'intention du

Fondateur

Fondateur eſt de bannir l'ennui de cet empire amoureux.

C'eſt à ce but que tendent toutes les occupations de
mes Citoyennes.

Chaque claſſe a un jour dans la ſemaine , pour éta-
ler ſes appas dans les promenades publiques , & pour
attirer dans ſon temple de nouveaux adorateurs ; tels
que de riches Maltotiers ennuyés de leurs femmes , des
Milords Anglois curieux du bon ton & des Barons Al-
mands faſant leur tour de France : ſans oublier nos petits Abbés , que le bon Dieu paie exactement tous les
mois pour ſe divertir ; pour les Syrennes qui ne quittent
point la mer de Tendre , tantot elles prennent le frais
ſous les myrthes plantés dans leur enclos ; tantôt elles
s'occupent dans leurs chambres à des lectures ſolides &
édifiantes. Point de bibliotheque nombreuſe , mais bien
choiſie. Parmi les livres eſſentiels , l'on compte le Dé-
bauché converti , ſuivi de l'Ode à Priape , le Moyen de
parvenir , la Religieuſe en chemiſe , le Chapitre des
Cordeliers , la Pucelle , Thereſe Philoſophe , le Capucin
ſans barbe , les Lauriers Eccléſiaſtiques , Margot la Ra-
vaudeuſe , le Portier des Chartreux enrichi des poſtures
de l'Arétin , le Compere Mathieu , l'Académie des Dames , la Putain errante , l'Ecole des filles & les , &c.
&c. &c. C'eſt dans ces ſources fécondes qu'elles puiſent
tous les moyens capables , au défaut de leurs attraits ,
de tranſporter les hommes dans le Paradis de Mahomet.

Si quelquefois les eſprits animaux irrités par une trop
grande agitation du ſang , oſent troubler le repos de
mes Nymphes par l'inſomnie : j'ai des armes puiſſantes

qui calment foudain la révolte. Une Vieille s'approche du lit, ouvre une groffe vie des Saints, ou un loug Mémoire, ou un Mercure de France, ou un Difcours Académique, ou le monftrueux Dictionnaire de l'Encyclopédie. A peine la Vieille a-t-elle braqué fur fon nez des lunettes, à peine a-t-elle balbutié quelques lignes,

> De ces livres vantés, effet prodigieux !
> La Nymphe en foupirant, baille & ferme les yeux.

Voilà, voilà les fecrets merveilleux dont fe fervent mes agréables folitaires pour plaire aux autres, fe plaire à elles-mêmes dans leur retraite & chaffer de leur fociété la maladie de l'ennui ; maladie commune aux cercles les plus brillans.

Tout Etat tomberoit bientôt dans la langueur, s'il n'étoit animé par le reffort de l'émulation ; & qui peut mettre ce reffort en mouvement, fi ce n'eft l'efpoir des récompenfes ? C'eft-là le foutien inébranlable de tout établiffement : c'eft-là le véritable aliment qui entretient le feu facré fur l'Autel de Vefta. Parmi les récompenfes, j'en réferve une auffi flatteufe qu'honorable. Quelle eft-elle ? Une retraite affurée pour toutes les vétérantes qui comptent vingt-cinq ans de fervice fous les drapeaux de Vénus.

Obfervez cette reftriction, qui n'eft pas inutile pour le maintien de la paix & du bon ordre. Je le fais, il n'eft gueres poffible d'empêcher les tracafferies & les querelles parmi les efcadrons coëffés ; mais dans ces nouveaux Couvens, qu'aucune Nonne entraînée par fon penchant féminin ne falle agir trop rudement le pied ou la main ; qu'elle n'arrache point de cheveux, qu'elle ne déchire ni coëffe ni mantelet. Je ne les force point, comme Jupiter, à prendre la figure de différens animaux pour échapper à ma fureur : mes Déesses n'en ont point le pouvoir, ni moi la volonté ; seulement chaque action violente, recule d'un mois l'entrée au port de la grace & du salut. « Quant à ce port, je le laisse au choix du Ministere. A mon avis, on ne feroit pas mal d'honorer de ce choix le Couvent des Célestins, où trois ou quatre tondus, tout au plus, dans la crainte sans doute d'étourdir les Saints en aboyant le parchemin, emploient une moitié de leur vie à dormir, & l'autre à rien faire. Aucun lieu ne me paroît plus convenable aux Vieilles émérites pour finir leur carriere dans le chemin du salut.

Mais sans m'en appercevoir, je parle déjà des avantages qui résultent de mon établissement. Arrêtons-nous un moment pour reprendre haleine. Nous allons entrer dans cette partie intéressante qui doit être le but principal de tout Plan Economique.

Fin de la premiere Partie.

LA PERLE

DES PLANS

ÉCONOMIQUES,

OU

LA CHIMERE

RAISONNABLE.

SECONDE PARTIE.

C'EST une vérité constante : les hommes dans leurs états discordans concourent tous, souvent sans y penser, à l'harmonie générale ; les uns par l'emploi purement physique de leurs mains & de leurs bras ; les autres, par le mélange du premier emploi avec celui de la raison ; d'autres enfin, par le commerce seul de la raison qu'ils consultent dans le silence de la solitude.

Le devoir de ces derniers, que l'ignorance regarde souvent comme des êtres inutiles, est d'éclairer la Patrie avec le flambeau de leurs connoissances.

Malheur au mortel qui change ce flambeau divin en feu follet, pour égarer & précipiter dans l'abîme, ses infortunés Concitoyens. L'exécration de la postérité est sa récompense ; & cette triste récompense, on cher-

che à l'obtenir , lorſqu'ennuyé des pas lents de la ré-
flexion , on ſe laiſſe entraîner par la fougue d'une imagination trompeuſe. C'eſt un Téleſcope qui préſente tous
les objets ſous une face attrayante & flatteuſe ; c'eſt
une Fée qui tranſporte tout à coup dans des Palais enrichis d'or & de diamants , dans des plaines émaillées
de fleurs , & arroſées par le criſtal des fontaines ; dans
des bocages rafraîchis par l'haleine des Zéphirs & égayés
par le chant des oiſeaux. Le charme ceſſe-t-il , ce ne
ſont plus que des landes arrides , des rochers ſourcil-
leux & d'affreux déſerts... Si dans ce moment mes yeux
enchantés par mon imagination , n'apperçoivent que
des avantages chimériques ; que le Miniſtere , que la
Nation entiere ſoit mon Juge. Mais qu'on ne pronon-
ce qu'après m'avoir entendu.

Semblable au ſuc de la terre qui d'abord nourrit les
racines d'un arbre , enſuite ſe communique au tro-
nc , & de - là ſe répand juſques dans les plus foibles branches , mon Plan Economique étend ſes avantages & ſur l'Etat en général & ſur toutes les familles
en particulier.

Je fixe une certaine ſomme pour chaque claſſe de
Minois qui peuplent ce moderne Paphos : 12 liv. pour
les MINOIS A CROQUER , 6 liv. pour les MINOIS APÉ-
TISSANTS , 3 liv. pour les MINOIS PLAISANTS. Certai-
nement la taxe n'eſt pas exhorbitante. Combien de
vieux pénards donnent cent fois davantage pour des
Minois qui ne ſont rien moins qu'apétiſſans.

Tous les ſoirs les Commis prépoſés prennent le quart
de la recette pour l'Etat. Je n'ai pas envie d'ouvrir

Barême & de remplir des colonnes de chiffres : ma plume fe refufe à des calculs réfervés pour la main fûre du Miniftere. Mais , ou je me trompe , ou l'Etat doit retirer plus que le triple, plus même que le quadruple de ce que la Police arrache avec tant de peine de nos Couvents ordinaires. Voilà tout à coup de nouvelles fommes ajoutées aux millions, dont les Proteftants & les Juifs veulent , dit-on , payer à la France la liberté de prier Dieu. Paffons aux avantages particuliers.

La portion de l'Etat féparée , le refte de la maffe fe partage entre mes Citoyennes, en proportion de la beauté & des fervices rendus à la république. Autant de places à remplir , autant de malheureux de moins ; & plus les perfonnes choifies font infortunées , plus le choix leur devient avantageux. Précieufe république ! Quelles reffources l'indigence ne trouvera-t-elle pas dans ton fein !

L'on fent que pour les quatre enclos, il faut quatre Directeurs qui honorent encore plus leur dignité , que la dignité ne peut les honorer. J'efpere que le Miniftere jettera les yeux fur ces fous antiques , qui fe font immortalifés en fe ruinant avec les Laïs du bon ton. A ce titre ils méritent d'être les principaux de ces Colléges.. N'eft-il pas jufte que les auteurs de leur défaftre en deviennent les réparatrices ? La plupart de mes héroïnes feront charmées de les retrouver, dût-on battre la caiffe dans toutes les parties de la France. Mais je crois qu'il ne fera pas néceffaire de fortir de Paris. Depuis long-tems ces triftes Croix de S. Louis , qui ont beaucoup de peine à dîner pour dix fols par repas, excitent ma compaffion. Ils éprouvent, mieux que tout autre, combien il eft difficile de vivre de promeffes. Auffi veux-je fuppléer à ces penfions Royales dont la Cour pour l'ordinaire, fixe le paiement à la Vallée de Jofaphat. Je les deftine à maintenir le bon ordre dans mes Etats. En qualité de guerriers, ils ne feront pas fâchés de finir leur carriere avec des Amazones.

Mon humanité s'attendrit auffi fur le fort de tous ces Commis que M. Albert vient d'éconduire de fes Bureaux, perfuadé fans doute, que je leur trouverois promptement une place. Car, je ne crois pas qu'une ame auffi fenfible que la fienne voulût les rendre les victimes de la faim. Allons, mes pauvres enfants, ne pleurez pas, ne vomiffez pas des reproches injurieux contre votre ancien fupérieur. En voici un autre qui vous tend les bras ; entrez, & courbez vous tranquillement fur les Bureaux de ma Police.

Et vous, illuftres Majors de la Gafcogne, qui l'eftomach à jeun inondez les Portiques de Saint Côme & priez dévotement ce digne Patron, de vous faire la grace d'envoyer beaucoup de badauds dans l'autre monde, afin de refter plus à votre aife en celui-ci ; interrompez vos prieres : quittez ce temple pour me fuivre. Je n'examine pas fi vous entendez feulement les termes de votre art affaffin : connoiffez vous la maladie à la mode ? En voilà plus qu'il n'en faut pour ma république.

Et vous, glorieux Avortons des Raphaël, des le Brun, des Vanloos, qui ne pouvez trouver des figures affez complaifantes pour fe laiffer eftropier par vos mains, voici, voici de quoi tirer de la pouffiere, vos palettes & vos pinceaux ; quel miracle j'opérerois, fi j'échauffois votre imagination glacée ! Sans aller chercher fi loin l'Italie, vous la trouverez ici. Voyez, confultez ces Nymphes : barbouillez avec ardeur. Chaque année au Carnaval une médaille eft le prix du tableau le plus amoureux & le plus voluptueux.

Et vous rimailleurs infatigables, empoulés profateurs, qui tout en louant vos ouvrages, envoyez les Libraires & les Imprimeurs à tous les diables, & vingt fois par jour maudiffez le Ciel de vous avoir infpiré la fatale penfée de vous fervir de la plume, plutôt que de la lime ou du rabot, defcendez, defcendez de vos greniers, raffemblez-vous fur le Pont-neuf, votre véritable Parnaffe : de-là vous je vous conduirai en triomphe dans ma brillante république. Je vous en établis les Hiftoriographes & les Panégyriftes. Au Carnaval une médaille eft également refervée au livre le plus déteftable fur les plaifirs de l'Amour. Les Académiciens qui jugeront les chefs-d'œuvres des concurrents dans la Peinture & l'éloquence font les Minois à Croquer ; & les vainqueurs auront la liberté de profiter des nuits vacantes de leurs juges.

Quel heureux fuccès mon plan ne doit-il pas efpérer, puifqu'il eft déjà accueilli avec les plus grands éloges par mes nouveaux protégés ! Tous élevent fes avantages jufqu'au Ciel ; tous remplis d'allegreffe m'accablent de bénédictions ; tous répetent à l'envi : mortel defcendu des Cieux pour nous rendre à la vie, ô pere des infortunés, fans toi nous étions perdus ; fans toi
nous

nous ferions morts de faim , ou nous nous ferions jet-
tés la tête en bas dans la riviere. Je me flatte que
tout Paris , que toute la France unira bientôt fa voix
à leurs acclamations , en admirant les fruits que fera
naître un Plan fi merveilleux.

Alors les fréquentes féductions , les orgies nocturnes ,
les maladies honteufes , tout difparoîtra. Des parents
fages ne craindront plus que leurs enfants éloignés de
la maifon paternelle , fur le déclin du jour, ne laiffent
échouer leur foible innocence contre le premier écueil
& ne raportent fur un lit de douleur le tableau défo-
lant de leur naufrage. Les filles le difputeront moins
fouvent à leurs meres dans l'art de la population. Les
femmes , fous prétexte d'aller au Temple du vrai Dieu,
n'iront pas dans celui de l'Amour y mériter les rentes
payées à leurs apas. Les maris curieux d'y porter leurs
offrandes , n'auront pas la honte de rencontrer leurs
chaftes époufes au nombre des veftales que la Prêtreffe
fait paffer en revue fous leurs yeux. Toutes ces beautés
de Province , qui ont caffé leur fabot dans leur pays ,
ne viendront plus hardiment au milieu des rues , en
vendre les débrits aux paffans. Toute fille reconnue
fans état & fans mœurs , fera renfermée dans mes enclos , après l'examen requis. Toutes les Hélenes impor-
tantes qui perdront le généreux mortel qui les louoit
avec leur appartement , auront la complaifance de fe
rendre dans mes afyles , pour y attendre qu'un nouveau Paris daigne les rétablir dans leur premier état.
C'eft-là que les Créfus ennuyés de leur fortune , pour-
ront à leur aife marchander les moyens de la renver-
fer en peu de tems

C

Après l'exécution de tels réglemens , croit-on que les rues feront encore auffi embarraffées de bataillons coëffés , que de voitures ? Croit-on que la tranquillité de la nuit fera troublée par le vacarme qu'excite chez une voifine incommode , ou la folie ordinaire des jeunes fpadaffins , ou la préfence imprévue de redoutables Alguafils ? Croit-on que les yeux & les oreilles feront fcandalifés par des fpectacles , par des difcours qui révoltent les hommes les plus indifférents ? Non fûrement. Mais qu'on fe contente de délaffer l'efprit fatigué des Miniftres , par la lecture de ces réglemens. L'on ne verra , l'on ne verra plus de fcène femblable à celle dont je fus témoin dernierement , même fans le vouloir. Elle mérite d'avoir ici fa place , je crois qu'elle vaut mieux que toutes mes raifons , pour déterminer en faveur de mon Plan , la volonté du Miniftere.

Un de mes amis veut réfoudre une affaire ; il s'engage à payer un fouper aux parties intéreffées & m'invite à l'accompagner : je le fuis dans un lieu, que je nommerois fans difficulté , s'il étoit fait pour y voir la comédie dont on nous régala. Les convives arrivés , l'on fe met à table.

D'abord , foit la nouveauté des vifages , foit plutôt le defir de fatisfaire fon appétit , l'on mangea plus de morceaux , que l'on ne dit de paroles. De tems en tems le filence étoit interrompu par quelques éloges fur l'Ordonnance du feftin. Pendant ce prélude affez tranquille entre , l'hôte de la maifon , lequel étoit fûrement connu d'une partie des convives : on le preffe de s'armer d'un verre , il ne s'y refufe pas. Il fait plus , il s'affied. Alors l'office des dents ceſſe un peu pour faire place à celui de la langue.

Le repas commençoit à s'égayer, lorſqu'il paroît une figure auſſi jolie que modeſte en apparence : ſans un œil frippon, je l'aurois priſe pour une None nouvellement échappée du Couvent. Elle ſalue la compagnie en ſouriant, s'approche du maître de la maiſon, qu'elle appelle ſon oncle, & l'embraſſe ; mais l'embraſſe d'une maniere dont je n'ai jamais vû nieces embraſſer leurs oncles.

Vous croyez peut-être qu'elle le baiſa amoureuſement ſur les yeux ou à la bouche ? Que vous-êtes loin de deviner ! Il eſt vrai, ce que vous croyez fut ſon début ; mais bientôt relevant ſon juppon, elle grimpe ſur ſon oncle prétendu, paſſe les deux cuiſſes autour de ſon col, le ſerre étroitement, & laiſſe retomber ſes vêtemens ſur les épaules du cher oncle. Vous jugez bien où pouvoient ſe trouver la bouche & le nez du patient qui appelloit tranquillement ſa niece, une petite eſpiégle : vous jugez bien auſſi que les éclats de rire & les groſſes plaiſanteries ne furent point épargnés. Pour moi dans ce moment, je penſois à Agamemnon qui ſe couvroit le viſage d'un manteau, pour ne pas voir le ſacrifice d'Iphigénie.

Pendant que j'y penſois, arrive une autre niece, qui prend en folâtrant la place de la premiere. Je ne ſais pas ſi notre hôte en queſtion a beaucoup de freres & de ſœurs ; tout ce que je ſais, c'eſt qu'il ne manque pas de nieces : car il en vint encore une troiſieme qui lui fit ſubir la même cérémonie. Les fumées du vin , & la singularité du spectacle avoient échauffé la tête à la plûpart des convives ; ils ne voulurent pas rester spectateurs oisifs. L'un tire une niece vers lui , l'étend sur ses genoux , la trousse , la patine , la claque , & se met en devoir de faire baiser son énorme patêne à son voisin. Celui-ci , profite d'une cuisse de dindon qu'il tient à la main , l'enfonce dans le double moutardier qu'on lui présente , & la passe honnêtement sur la bouche de son rival. Le premier aggresseur ne se décourage point : d'une main robuste il applique les deux promontoires de la Magdeleine , sur le visage de son adversaire , puis de l'autre main , il saisit une bouteille, & fait couler la liqueur de Bacchus sur la fontaine amoureuse qui rend le tout comme une gouttiere , dans la bouche, le nez & les yeux du pauvre diable. Inondé d'un déluge si inattendu , le vaincu se dégage avec vigueur , la fille jure , & le champion victorieux , se pâme de rire avec la compagnie.

Enfin les brouhahas & cette lutte libertine cessent tout à coup , & notre attention se fixe sur une autre Péronelle montée sur la table. Vous n'imagineriez jamais pourquoi faire ; avant de l'avoir vu , j'étois , comme vous , dans l'incertitude. Avec un sang froid admirable, elle commence par affubler ses épaules & des cotillons & de la chemise. Jusques là il n'y a rien de fort extraordinaire. Voici ce qui m'étonna le plus ; sans casser, sans même renverser un seul verre, une seule bouteille , elle dansa un menuet tout entier avec une souplesse , une dextérité qui lui mériterent les applaudissemens de toute l'assemblée. Pour voir la danse des œufs sur les remparts, l'on donne 24 sols ; mais en vérité, l'on en eût

bien donné fans regret 48 pour admirer une danfeufe
fi admirable. Tandis qu'on l'accabloit d'éloges, de ca-
refles & de baifers; mon ami , adreflant la parole au
maître de la maifon ; Signor, lui dit-il , voilà deux
de vos nieces qui nous ont déjà beaucoup amufés ; il
eft jufte que la derniere paie auffi fon écot. A ces mots
il la faific & me fait figne. Moi , je n'avois pas envie
de repréfenter la Statue du Feftin de Pierre ; je prête
la main à mon ami , nous couchons la victime fur un
banc. Malgré fes cris, nous l'attachons avec nos mou-
choirs. Auffi - tôt mon ami faifant l'office de Grand-
Prêtre , tire des cifeaux de fa poche & lui tond délicatement toute la bordure de fon labyrinthe ; puis fe-
mant de ce noir plumage dans tous les verres , il s'é-
crie que le premier qui refufe d'en boire foit condam-
né à toute la dépenfe. A cette menace terrible pour la
bourfe des convives, chacun , d'une main docile , porte
la coupe à la bouche & l'avale jufqu'à la lie ; excepté
votre ferviteur & mon ami , qui n'y perdoit pas beaucoup , puifque d'avance il s'étoit chargé de tous les
frais.

Mais fans mon fecours , il n'en étoit pas quitte pour
le feftin. Nos Nymphes fentirent que nous étions de bons
bourfiers. Si vous les aviez vues alors ! Quel fincere attachement leurs bouches nous témoignoient ! A les en
croire, elles ne vouloient aimer que nous feuls ; pour
nous feuls elles réfervoient toutes leurs complaifances.
Nous étions feuls des hommes à fentimens, & qui plus
eft , les plus beaux hommes du monde. Etoit-ce là des
complîmens flatteurs ? Ils n'euffent point manqué de faire
tomber le fromage du bec de jeunes Corbeaux à plu-

met ; mais de vieux renards ! S'ils font la dupe de ces avides cicognes, ils le font une fois , rarement deux. D'abord j'avertis tout bas mon ami de prétexter en fortant un befoin naturel ; puis hauflant la voix , oui , lui dis-je , entrons ici... près... dans ce Caffé... tu fais... qui fait le coin... Nous y trouverons de quoi fatisfaire ces Dames. J'efpere qu'elles auront la complaifance de nous y accompagner. Redoublement d'éloges de leur part. Nous fortons ; mon ami docile à mes ordres , n'oublie pas fon rôle & s'arrête à quatre pas du Caffé. De mon côté je m'empreffe d'y faire entrer les Princeffes ; on s'affiet : la liqueur arrive. Je voyois dans leurs yeux qu'elles triomphoient de nous tenir dans leurs filets. Mais je leur appris à ne chanter le triomphe qu'après la victoire. Je feins de m'impatienter de la lenteur de mon ami, je fors ; mais je fors pour ne plus rentrer. Mon ami & moi nous gagnons leftement notre demeure , fans cefler de rire de la tragi-comédie dont on avoit affaifonné le fouper , & fur-tout du dénouement dont nous terminions la piece.

Cette hiftoire forme un Epifode un peu long, je l'avoue ; mais tous les détails n'en font-ils pas néceffaires ; Quelle foule de réflexions ne font-ils pas naître ? Cette aventure fcandaleufe ne pouvoit-elle pas être répétée le même jour , ou par la fuite , dans mille endroits de Paris ? Ne pouvoit-elle pas l'être devant des jeunes gens fans expérience , puifqu'elle le fut devant nous ; devant des hommes faits , devant des têtes , je ne dis pas à perruque, mais des têtes portant perruque ?

De ces réflexions & de mille autres encore , quelle eft la conféquence ? C'eft que mon Plan eft la feule di-

gue qu'on puifle oppofer au débordement des mœurs ;
c'eft que mon Plan eft un canal heureufement inven-
té , pour apporter de nouvelles richeffes dans les tréfors
de l'Etat ; c'eft qu'enfin l'exécution de mon Plan eft d'une
néceffité indifpenfable. Se préfenta t-il mille obftacles à
vaincre , il faut les vaincre tous. Mais heureufement il ne
s'en préfente aucun. Seroit-ce la naiffance trop multi-
pliée des Cupidons , occafionnée par la conduite plus ré-
glée de nos Vénus ? Ouvrez , ouvrez les portes de nos
Couvens , tous les Moines , en reconnoiffance des fervices qu'ils ont reçu des meres , adopteront avec plaifir les
enfans , & s'il eft vrai que les enfans tiennent toujours de
ceux qui leur ont donné l'être , leur éducation ne leur
coûtera aucune peine. Ils retrouveront dans ces petits
Saturnins toute l'inclination Monacale.

Refteroit-il de l'inquiétude pour les jeunes Nymphes ;
on les laiffera croître fous les paifibles loix de leurs agréables meres , ce font des citoyennes tout acquifes à la
République. Quelle objection peut-on faire encore ? Si
ma voix n'eft pas affez perfuafive , écoutez celle de la
Patrie qui demande l'exécution d'un tel Plan , non-feulement dans la Capitale , mais encore dans toutes les
Villes du Royaume.

Ecoutez cette mere affligée du défordre de fes enfans ,
qui voudroit même qu'aux quatre enclos de Paris on en
ajoutât un cinquieme ; & dans quel lieu ? Près du Palais
Royal ; & pour qui ? Pour toutes les Vierges meres des
Italiens , des François & de l'Opéra , fans oublier celles de Nicolet & d'Audinot. Ces Reines de Théâtre ne
méritent-elles pas de contribuer aux avantages de ma
précieufe République ? Divin Platon , oui , tu ferois cent

+++

fois plus divin, fi ta cervelle philofophique en eût imaginé une pareille.

A cette belle exclamation, j'allois terminer ma chaude
péroraifon ; mais mon ancien Profeffeur de Seconde, ce
refpectable pédant de Mazarin, ce cadet Thomas dont
la plume emphatique a martyrifé Tite-Live dans une
traduction foporifique, ce Juge fourcilleux me blâme-
roit de finir par une fi courte apoftrophe, & même me
le prouveroit par fon éloge inconnu du Chevalier Bayard.
Docile écolier, j'ajoute encore deux mots & je me tais.

Le Miniftere fans doute n'a pas encore, ainfi que les
Libraires, abandonné à la voracité des vers le merveilleux ouvrage d'un de mes confreres les Economiftes,
je veux parler de cet habile Opérateur qui, fans le fecours de la Lanterne Magique, fit voir au public l'Adminiftration actuelle des revenus royaux, & celle qu'il
vouloit introduire fous l'emblême de deux Colonnes,
l'une chancelante, minée de toutes parts, appuyée fur
une foible bafe, menaçoit une ruine certaine ; l'on devine aifément ce que cette Colonne repréfentoit ; l'autre ferme & folide, appuyée fur une bafe inébranlable,
& de plus couronnée de guirlandes, fembloit devoir,
par fa durée, braver la faulx du tems : l'on devine encore plus aifément que cette Colonne étoit l'emblême
de l'Adminiftration propofée par le modefte inventeur.
Si la premiere Colonne demandoit une prompte répara-
tion, le même befoin fubfifte encore, puifqu'on n'ap-
porte aucun changement. Qu'on exécute mon Plan, la
Colonne eft rétablie, & le deffein de mon cher confrere
& le mien feront remplis.

F I N.